JN068177

維新観察記
彼らは第三の選択肢なのか

適菜 収

ワニブックス
PLUS 新書

はじめに

維新の会は大阪で発生した大衆運動である。それは決して新しい現象などではない。過去に何度も繰り返されてきた近代特有の病である。

維新は嘘とデマで大衆を騙すことにより拡大してきた。吉村洋文や馬場伸幸ら維新の構成員がこれまで垂れ流してきた「私立高校の完全無償化を実現した」というのも完全な嘘、デマである。吉村は、昔の大阪市は大赤字でそれを立て直したのが維新市政だったという趣旨の発言も繰り返してきたが、これも大嘘。大阪市のホームページには二〇二一年度一般会計決算について、《平成元年度以降三三年連続の黒字となりました》とある。二〇二二年の参院選の政見放送で松井一郎は大阪の私立高校の入学金が無償である旨の発言をしたが、これも完全なデマだった。

要するに維新は、デマゴーグの集団、詐欺師の集団、反社会勢力である。これは批判でも悪口でもない。客観的事実だ。先日、某所で維新の信者に遭遇したが、何を言っても暖簾に腕押し。「だったら自民党時代に大阪を戻すのか」「事実、維新により大阪はよくなってきたんだ」と繰り返すだけ。

知的・社会的に正常な人間までもが、なぜ維新に騙されたのか？

大衆は前近代的な社会的束縛を失い、根無し草のように社会から分離して浮遊し、自己欺瞞《ぎまん》と逃避を続け、自分たちを温かく包み込んでくれる「世界観」、正しい道に導いてくれる強力なリーダーを求めるようになる。

つまり「縛られたい」という大衆の願望、そしてその欲求に応える政治。その両方があって全体主義は発生する。大阪ではすでに一線を越えてしまった。白昼堂々、いかがわしい勢力に、政令指定都市である大阪市の財源が狙われたのである。

二〇二三年四月の統一地方選で、馬場伸幸を代表に据えた維新は大勝し、同じく共同代表の吉村洋文も府知事に再選された。

こうした中、橋下徹は二〇二三年五月六日、自身がパーソナリティを務めるネット番組『ＮｅｗｓＢＡＲ橋下』に元宮崎県知事の東国原英夫を招き、この状況を意気揚々と語っている。

「僕は維新を作りましたけど、吉村さんにもがんばってほしいですけど、今、吉村さん〝ツァー（tsar）〟だから、皇帝。大阪府議会で七五％、維新。大阪市議会でも過半数」「大阪って、自民党の本部はもう潰れちゃったんですよ。だから、いま中央の自民党本部が直轄でやるという。いま国会議員、二名しかいないんですよ。もう壊滅状態」

維新の狙いは、国政において自民党に失望している層の受け皿になることだろう。

自民党がダメだから維新を選ぶというのは愚の骨頂である。

それを示すために、本書では参考になる「事実」を採り上げた。

なお、本書は私が口述したものに、追加で赤字・修正を入れた。肩書などは当時のもの、敬称は省略させていただいた。

適菜　収

目次

第五章　これからの維新

第一章　「創業者」たち――橋下徹と松井一郎――

狙いは構造改革利権

維新の〝創業者〟といえば橋下徹であるが（厳密には実際の結党までの道筋はもう少し複雑）、現在は政治家を引退し、政治評論家としても活動を行っている。

維新の正体、その危険な目的を知るには、やはりこの人物の本質を調べなければならない。

ご存じのとおり、維新のバックには菅義偉や竹中平蔵がいる。菅本人が語っているとおり、橋下を政界に呼び込む説得をしたのは菅である。連中の狙いは構造改革利権である。新自由主義的な政策を利用して社会を破壊し、「身を切る改革」と言いながら、庶民の身を切り、その過程で生まれた甘い汁を吸うわけだ。

構造改革推進派の旗振り役となり、日本の貧困と格差を拡大させた政商の竹中は、二〇一二年九月二七日、日本維新の会が新党としてスタートするにあたり、最高顧問格とされる衆院選の候補者選定委員長に就任する。橋下はネット番組に出演し「竹中さんの考え方に僕は大賛成です」「竹中さんは言われなき批判を受けたり、事実誤認の批判を受けてきた」「(自分は) 基本的には竹中さんの価値観、哲学と僕らの価値観、哲学はまったく一緒」と絶賛。

その「哲学」とやらが、国家、社会を蝕んできたのだ。もっと言えば、橋下がモラルの欠片《かけら》もない人物であるからこそ、同じように国家や社会の紐帯《ちゅうたい》を破壊したい勢力が目をつけたのである。

竹中はその後、総務相時代の部下である菅義偉の政権で、成長戦略会議のメンバーに選ばれ、岸田文雄政権でも「デジタル田園都市国家構想実現会議」のメンバーに選ばれている。二〇年近く前の小泉純一郎政権から日本を食い物にしてきた男が、今もまだ国の中枢に居座り続けているわけだ。

自民党の補完勢力である維新も構造改革利権を狙う政商と新自由主義勢力の先兵として動いている。

悪性の大衆運動

維新は嘘とデマ、プロパガンダにより拡大した悪性の大衆運動である。これから証拠を示すとおり、それは個人の資質に還元できるものではなく、組織的なものである。悪質な党員がいるというより、党自体が悪質なのである。

世の中には、「現状打破」「改革」と騒いでいれば、内容もよく確認しないまま引き込まれ、いつしか心酔してしまう人たちが存在する。こういう人たちに向けて、維新は嘘、デマを垂れ流してきた。

「日本をグレートリセットする」（二〇一二年一月三日）

「（選挙は）ある種の白紙委任だ」（「朝日新聞」二〇一二年二月一二日）

こうした発言を繰り返してきた男と、日本社会はどのように向き合ってきたのか？

二〇一〇年一月、公明党の年賀会で橋下は「大阪府と大阪市を壊す必要がある」「大阪の形をいっかい全部解体して、あるべき大阪をつくりあげる」と発言。これが橋下が初めて公の場で「都構想」に言及したときだとされている。

二〇一一年六月二九日、大阪市内で開いた政治資金パーティーでは「今の日本の政治で一番重要なのは独裁だ。独裁と言われるぐらいの力だ」「大阪市が持っている権限、力、金をむしり取る」「権力を全部引きはがして新しい権力機構を作る」と発言。

二〇一二年一月、橋下は「日本の国を一からリセットして作り直すようなメンバーを集める」と発言。

こうした破壊主義および設計主義は、維新の本質をよく示している。

小泉純一郎は「自民党をぶっ壊す」と騒いで票を集めたが、橋下はこのやり方を踏襲。テレビに呼ばれれば、徴兵制の復活や、日本の核武装論を唱え、一方で「あれは世間のウケを狙っただけ」と開き直る。「なんで『国民のために、お国のために』なんてケツの穴が痒くなるようなことばかりいうんだ？　政治家を志すっちゅうのは、権力欲、名誉欲の最高峰だよ」（『まっとう勝負！』小学館）と発言する人物を、一部の「保守」を自称する連中が担ぎ上げてきたわけだ。

要するに、メディアの腐敗が、維新を増長させたのである。

橋下は「民意」というワードを多用した。教育委員会と対立すると「選挙をとおして教育に民意を反映させる」（二〇一一年九月）と言い、労働組合と対立すると「市職員は民意に従って働いてもらう」「僕が直接選挙で選ばれているので、最後は僕が民意だ」（二〇〇九年一月）と、「民意」を盾に自分に対する批判を封じ込めてきた。

また、大阪市職員、教育委員会、公務員、官僚などを「悪」に見立てて、自分たちはそれと戦っているように大衆にアピールした。橋下が「民意」を持ち出すのは、自分たちは民意の側につく「正義の味方」であると主張するためである。

二〇一一年一一月、市長に当選した橋下はこう述べる。

「今回の民意を受けて、この民意に基づいてしっかり大阪市政をやろうという風に考えていただける職員とは、もうこれは必死になってやりますよ。大阪府庁の職員と一緒にやったように、この民意を受けて、民意に基づいてしっかりやろうという気持ちになってくれるかどうかですね。まあ、この民意を無視する職員は、大阪市役所から去ってもらいます」

ナチスに酷似

維新の会はナチスに酷似した大衆運動である。私は、ナチスという「絶対悪」を利用して、政治家にレッテルを貼るやり方は、思考停止を招き、間違うと思う。その上で言うがナチスの手法、維新の手法は瓜二つである。

確信犯的に嘘、デマ、プロパガンダを垂れ流し、反論は一切無視する。ナチスの宣伝相ヨーゼフ・ゲッベルスは「嘘も一〇〇回言えば真実になる」と言った。アドルフ・ヒトラーは「大衆は小さな嘘よりも大きな嘘の犠牲になりやすい。とりわけそれが何度も繰り返されたならば」と言っている。

橋下は最初から言葉の価値など信じていない。

だから、算盤《そろばん》を弾いて人間の獣性だけに訴え、それで社会の空気を動かそうとしてきた。これは小泉政権以降、露骨な形でマーケティングとプロパガンダの手法が政治に組み込まれてきた当然の帰結である。

橋下は嘘、デマ、プロパガンダを流し続けた。

橋下の本質は詐欺師である。
橋下は破れた革ジャンを仕入れて高値で売り、友人が批判すると「気付かずに買うのはお人よしや」と答えたという。また、「広がる橋下ネットワーク」という自己紹介パンフレットには、全部仮名の公認会計士や税理士らの名前がずらりと並べられていた。橋下同期の弁護士たちが「こんなもの配ったら懲戒請求されるぞ」と警告すると、橋下は「だって、本名書いたらバレますやん」と答えたという。(「毎日新聞」二〇一二年四月一五日)
二〇一五年の大阪市解体の是非を問う住民投票(維新が言う大阪都構想)のタウンミーティングで橋下は「東京を飛び越えてニューヨーク、ロンドン、パリ、上海、バンコク、そういうところに並んでいく大阪というものを目指そうとする。これが大阪都構想賛成派」と発言。しかし政令指定都市である大阪市が解体されたら、金欠により都市計画も進まず、ニューヨーク、ロンドン、パリどころか、町や村以下の特別区になることになっていた。
予算の大半は府に持っていかれる。橋下が「金をむしり取る」といったとおりだ。

大阪府と大阪市の二重行政を解消することにより、税金の無駄遣いがなくなり、財源が生まれる。これが橋下らが唱える「都構想」の「効果」である。これにより当初は年間四〇〇〇億円の財源を生み出すのは「最低ライン」と言っていたが、大阪府と大阪市が試算した結果は九七六億円。さらにその数字も橋下の指示による粉飾が疑われた。この件について記者から追及された橋下は「議論しても仕方ない」と言って逃げている。

しかし、大阪市議会の野党の解釈では「効果」は約一億円。さらに制度を移行するための初期投資に約六〇〇億円、年間コストが約二〇億円かかる。要するにサルでもわかる詐欺である。

維新のタウンミーティング

私は維新のタウンミーティングに潜入取材したことがある。これは『新潮45』（二〇一五年五月号）に掲載した「これぞ戦後最大の詐欺である」というルポだが、以下、内容の一部を振り返っておく。

二〇一五年三月一五日、一〇時五〇分、この日最初のTM会場である此花《このはな》区民ホールに到着。

開始一〇分前だが、会場の入り口には長い行列ができている。スタッフがたむろする一帯を通り抜けると、そこには有名な「大入道」と呼ばれる男がうろついていた。

参加者は老人がほとんど。若者を目にすることはなかった。男女比はおよそ半々か。入場時には、鞄の中身がチェックされ、空港にあるような金属探知機を通らされる。入り口付近で案内をしているスタッフは、普通のおじさん、おばさんであり、悪意があるようには見えない。おそらく橋下が大阪をよくすると深く信じているのだろう。

定員五〇〇名の会場は満席。私は椅子に座ることができず、会場の一番後ろで立ち見することになった。

最初に大阪府議会議員の尾田一郎が挨拶。続いて大阪市会議員の大内啓治が短いスピーチで会場を煽る。

「（都構想の）財政効果はもう無限大と言っていいほどあります。あります！」

壇上脇には左右にSPが二人。さらに椅子席周辺で八人が目を光らせている。

一五分後、満を持して橋下が登場。ニコニコしながら、聴衆に話しかけた。

「すみません、皆さん。おはようございます。こんな政治の話、別段面白くもなんともないと思うんですけど、これだけ多くの皆さんにお集まりいただきまして、本当にありがとうございます」

　橋下は聴衆に感謝し、

「もう僕は今、この段階に至りましたから、賛成の立場だけでは言いません。賛成の立場と反対の意見、これを両方出します。そして、どこが考え方の違いなのかということをお伝えします」とフェアに戦うことを宣言した。

　橋下は軽口で笑いをとりながら、会場の空気を読み取っていた。都構想に批判的なジャーナリスト大谷昭宏の悪口を言ってウケると、方向を見定めたようにメディア批判を展開する。

「毎日新聞なんか、本当にどうしようもないです。相変わらずくだらんことばっかり社説で書いてね。ぐだぐだ、メリットがどうだ、こうだ。皆さん、大阪都構想というのは、もう立場の違いの話です。自分はどっちの立場につくのかという話で、細かなメリット、デメリットの話ではありません」

え？

「都構想」とはあくまでメリットとデメリットの話である。だからこそ橋下はメリットは「無限」と言い、大阪維新の会幹事長の松井一郎は「都構想はデメリットがない」（「産経新聞」二〇一五年三月一五日）と強調してきたのではないか。

橋下は「住民の皆さんの理解を得ることが一番重要だ」と述べる一方で、ＴＭでは「細かい内容を理解する必要はない」と吹聴しているのだ。

催眠商法の手口

ここからが橋下の本領発揮である。

「今の大阪府、大阪市にはものすごい問題、これはもうある。これを解決しないことには大阪には未来がない。これが大阪都構想、賛成の立場」

「今の大阪府、大阪市を前提にしてもいくらでもそんなのはなんとかなるよという立場が、大阪都構想反対派の人たちです」

　複雑な事象を単純化し二項対立に落としこむ。

「さあ奥さん。どちらを選びますか？」というわけだ。橋下は畳み掛ける。

「ここで立場が違うんだから、話し合ったってしようがないわけですよ」

「大阪市という名前、死んでもこれは手放せないという人たちは、大阪都構想反対派です」

「東京を飛び越えてニューヨーク、ロンドン、パリ、上海、バンコク、そういうところに並んでいく大阪というものを目指そうとする。これが大阪都構想賛成派」

　次第に話が大きくなってくる。私の目の前に座っている中年男性二人が、深く頷きながら橋下の話に聞き入っている。催眠商法の手口だ。老人を密室に集めてテンポよく語りかける。

「スポンジ、今日は一円でいいよ」

　老人たちは我先にと手を出してスポンジを奪い合う。

「洗剤は一〇円でいい。先着一〇人だ」

老人たちの鼻息が荒くなる。そして我に返ったときには、高額の羽毛布団を買う契約書に判を押しているわけだ。

橋下はヒートアップしていく。

「これからの時代、やっぱりその枠を飛び越えた新しい大阪をつくっていこう。そして今の大阪を考えるんじゃなくて、子供たち、孫たちに二〇年後、三〇年後、四〇年後に新しい大阪を残していこうと考える人たちは、大阪都構想賛成派になります。大体これでどちらの立場に立つかということは決まってしまって、これで賛成、反対になるんです」

もちろん、ほとんどの聴衆は「大阪都構想賛成派」になるのである。

TMに参加して、驚いたことが二つある。一つは橋下の気迫だ。一時間以上一気に喋り倒す。私は聞いているだけで（肉体的にも精神的にも）疲れたが、橋下は喋り倒した上に、この日は五カ所の会場を回っている。普通ではない。相当強い動機があるのだろう。

二つ目は内容である。スピーチの構成はよくできており、心理学の手法を応用した巧妙な詐欺である。その場では検証できない数値や嘘を積み重ねていくので、ある程度の教育を受けた人でも事前に情報や知識がなければ騙されてしまう。ましてや地元の老人が橋下の嘘を見抜けるとは思えない。

橋下が毎回のようにＴＭで使っている「府市二重行政の弊害」というパネルがスクリーンに映し出された。

「ＷＴＣビル（現大阪府咲洲《さきしま》庁舎）は住之江区にあります」

「この高さ、二五六メートルです。一方、大阪府がつくったりんくうゲートタワービルは関西国際空港の前にありますが、高さ二五六・一メートル。一〇センチ高いんです、こっちのほうが。大阪府のほうが偉いだろうということで、大阪市よりも高くしたんです」

「同じだけの財布を握っている者が二人いると、結局、張り合うんですよ」

ＷＴＣビルは大阪市港湾局が中心となって計画し第三セクターが建てたもので、単なるゼネコン事業の失敗である。二重行政とはなんの関係もない。実際、大阪府議会で、自民党の花谷充愉幹事長が「こうした施設（ＷＴＣビルなど）は特別区でも設置できるのか」と質問すると、大都市局の理事が「特別区で実施できないものではない」と答弁している。

橋下の目的は最初から有権者を騙すことにある。過去の事業の失敗例を恣意的に抽出し、制度の問題にすり替えて批判するわけだ。

カジノ利権

橋下は言う。

「なぜ二重行政になるのか」

「大阪府知事と大阪市長、一人一人がいるからです」

「これを一人にしてしまえばいいんです。これが大阪都構想の考え方」

「え、そんな単純なことなのと思われるかもわかりませんが、そうなんですよ」

そもそも、二〇一五年五月一七日の住民投票で問われたのは大阪市を解体するかどうかである。その手続きを記載した『特別区設置協定書』には、「大阪都」「都構想」「二重行政」という言葉は一切出てこない。「二重行政の解消のために都構想を実現する」という話は住民投票とはなんの関係もないのだ。

また、政令指定都市は国内に二〇あるが、二重行政を問題にしているところはほとんどない。「読売新聞」（二〇一五年三月二九日）が政令指定都市および政令市のある道府県の首長（大阪市長、大阪府知事を除く）に対しアンケートを行い、回答があった三三人のうち、政令市分割が必要とした首長は一人だけ。逆に多くの首長は政令市の権限・財源の拡充を主張している。当たり前だ。自ら権限や財源を放棄するバカはいない。橋下らの狙いは、大阪市民からカネを騙し取り、府の借金返済に流用したり、湾岸部にカジノを建設し、そこへアクセスする交通網を整備することだろう。そこに莫大な利権があることは容易に想像がつく。

過去に橋下はカジノ議連の席で、「小さい頃からギャンブルをしっかり積み重ね、全国民を勝負師にするためにも、カジノ法案を通してください」と発言している（二〇一〇年一〇月二八日「朝日新聞」）。未来ある少年少女を博打漬けにしたいのか？

橋下にはモラルの欠片もない。

これは私の意見ではなく、橋下本人の発言を見ればわかることだ。

「交渉において非常に重要なのが、こちらが一度はオーケーした内容をノーへとひっくり返していく過程ではないだろうか。まさに、詭弁を弄してでも黒いものを白いと言わせる技術である」（『図説　心理戦で絶対負けない交渉術』日本文芸社）

「交渉では〝脅し〟という要素も非常に重要なものだ」（同前）

「私は、交渉の過程で〝嘘〟も含めた言い訳が必要になる場合もあると考えている。自身のミスから窮地に陥ってしまった状況では特にそうだ」（同前）

「正直に自分の過ちを認めたところで、何のプラスにもならない」（同前）

「絶対に自分の意見を通したいときに、ありえない比喩を使うことがある」「たとえ話で論理をすり替え相手を錯覚させる！」（同前）

「どんなに不当なことでも、矛盾していることでも、自分に不利益になることは知らないふりを決め込むことだ」（『最後に思わずYESと言わせる最強の交渉術』日本文芸社）

「嘘をつかない奴は人間じゃねえよ」（『まっとう勝負！』小学館）

ヒトラーやゲッベルスの発言とほぼ同じである。嘘とデマで大衆を動員するというやり方を、そのまま踏襲したのが橋下であり、今の維新の執行部である。

歴史・伝統に対する〝深い憎しみ〟

橋下の目的はなにか。それを知るために参考になるのが、維新の会の政治提言である「維新八策」である。「維新八策」は、毎年内容が微妙に修正されているが、骨子となる部分は同じである。

注目すべきは「首相公選制」と「参議院の解体」である。

もっとも新しい二〇二三年版の維新八策では、一つ目の柱に「政治改革・国会改革」をあげ、「『身を切る改革』と徹底した透明化・国会改革で、政治に信頼を取り戻す」と謳っている。

その中で、参議院について次のように触れている。

「現行制度において衆議院の機能と重複している参議院については、議員選出のあり方を見直し、今後の統治機構改革を視野に入れた都道府県選挙区のブロック制への変更、自治体首長と参議院議員の兼職禁止規定の廃止など、衆議院との機能分担を明確化した抜本改革を行います」

二つ目の柱には「統治機構改革」をあげ、「中央集権の限界を突破する　統治機構改革、地方分権と地方の自立」と謳いつつ、「将来的な首相公選制・一院制の導入を視野に、積極的な議論と検討を開始します」と宣言している。

橋下は当初大統領制の導入を唱えていた。それが何を意味するかは普通に考えればわかるだろう。皇室の解体である。橋下は日本の歴史、伝統に対する深い憎しみを隠しもしない人物だった。

「日本をグレートリセットする」（二〇一二年一月三日）

「国は暴力団以上にえげつない」（二〇〇八年一一月二八日「朝日新聞」）

「能や狂言が好きな人は変質者」（二〇〇二年五月一五日『サンデー・ジャポン』）

「（近松門左衛門原作の『曽根崎心中』を鑑賞して）演出不足だ。昔の脚本をかたくなに守らないといけないのか」「演出を現代風にアレンジしろ」「人形遣いの顔が見えると、作品世界に入っていけない」（二〇一二年七月二六日、七月二八日「産経新聞」）
「自称インテリや役所は文楽やクラシックだけを最上のものとする。これは価値観の違いだけ。ストリップも芸術ですよ」（二〇一二年八月一二日）
「（大阪について）こんな猥雑な街、いやらしい街はない。ここにカジノを持ってきてどんどんバクチ打ちを集めたらいい」（二〇〇九年一〇月二九日「読売新聞」）

こうした発言を振り返れば、橋下が日本および日本人をどのように見ているかは明らかである。

議院内閣制の否定

二〇〇九年二月一七日の記者会見で橋下は「諸悪の根源は霞が関」「国は本当に悪代官」「霞が関は転覆させないと、とんでもないことになる」と発言。二〇一一年一一月の大阪市長選では「ぼくは市長というポストを無くすために市長になる。市役所を解体し、お金、権限を区役所に移し、みなさんにお返しする」と言い放った。

馬場伸幸は、二〇二三年八月一六日の番組『リベラルタイム』（BS11）に出演し、司会者から「総理大臣になったら何をしたいか」と聞かれて「日本大改革プランだ」「同じ日本という名前であっても中身が全く違う国になるぐらいの大改革を、私が総理になればぜひやらせていただきたい」と答えている。

維新は参議院の解体も唱えているが、二院制や三権分立は、全体主義を封じ込めるための制度である。民意を背景に、数の論理で政策を押し通すのは、議会主義の否定である。フランスの哲学者、シャルル・ド・モンテスキューが指摘するとおり、司法、立法、行政の独立と均衡こそが政治的自由を確保する条件なのである。逆に言えば、だからこそ、維新のような勢力はそこを必死になって攻撃する。

橋下は「日本では、議院内閣制は無理。一番重要な、自分たちのリーダーを選ぶ権利を国会議員に委ねるということは、もう日本では成り立たない」と議院内閣制を否定。（二〇一一年六月二日）

「国籍関係ないでしょ」「有権者の意思で、有能な外国人を選んでもいいじゃないか」「政治家は、最後は有権者が『選ぶ』か『落とす』か決められるから、もう極端なことを言えば外国籍でもいい」（『橋下×羽鳥の番組』二〇一六年九月一九日）と外国人が日本の政治を行ってもいいと言い出した。

矛盾こそが最大の特徴

日本維新の会が、比較的短期間に日本国内で勢力を拡大することができた理由のひとつに、「無構造性」がある。言っていることは支離滅裂で、一貫性もない。だからこそ、論理的な批判が無力化され、そこが維新の党としての一種の武器になっている。

実現不可能なことを公約にし、批判されても無視するか、騒いでごまかすか、スラップ訴訟（被告を恫喝することを目的とした、いやがらせ訴訟）を仕掛けて黙らせる。矛盾する二つの意見を同時に唱えるのも橋下の強みであり、維新が引き継いでいるＤＮＡでもある。

ある人が「橋下は国家主義的な側面と新自由主義的な側面が一致していない」と指摘

していたが、矛盾こそが、橋下の最大の特徴である。その場の空気を読むことだけ長けており、イデオロギーは飾りにすぎない。

二〇一〇年七月、サッカー日本代表の遠藤保仁選手に賞を授与する際、自分の息子三人を知事室へ連れてきて遠藤選手と会わせ、サインをもらったり一緒に写真を撮ったりしていたことが「公私混同」と批判された。

定例会見で橋下は、「自分が知事になったことで一般の子どもたちと違う生活環境が生じた。知事のファミリーとして祝福を述べることはあってしかるべきだ」などと言い開き直った。

さらに「サインを欲しい子は他にもたくさんいる」と記者から指摘されると「その子どもたちのお父さんに知事になってもらって（家族のプライベートが犠牲になる）苦しい親子関係に耐えてもらうしかない。いろいろあるかわりにサインをもらえるけどどう？　という感覚」と言い返した。

その一方で、橋下の実父と叔父が暴力団組員だったことを『新潮45』が報じると、「このようなことをメディアがやるから人権救済機関の話が出てくる。メディアは権力が報道に干渉するなという。そうであれば、言論機関同士できっちりと議論を詰めて一定のルールを確立して欲しい。公人報道について。本人や成人の家族はある程度やむを得ない。しかし子供は別だと思う」とツイート。（二〇一一年一〇月二九日）

正反対のことを平然と言ってのけるのが橋下である。

自分に批判的な大阪市の労働組合に対しては、二〇一〇年一二月一二日の大阪維新の会のタウンミーティングで、「政治活動に公務員が首をつっこんでくるのはおかしい。負けたときは一族郎党どうなるか。われわれが勝ったときには覚悟しとけよ」と発言。

この発言の真意について記者から問われると、「一族郎党」については「誇張の範囲」とし、「公務員には中立性がある（だから自分に批判的な政治活動はするな）。維新の会が市役所をコントロールできるようになればきっちり詰める」とまで言い切っている。

非現実的なプロパガンダで社会不安を煽り、それにより国家や社会基盤を解体する大衆運動は、こうして発生する。

橋下の口から出る「クソ教育委員会が」（市町村教委が全国学力テストの平均正答率の数字を発表していないことに対し）、「感心しますよ、このバカさ加減には」（文部科学省が「都道府県教委からの申し出があればデータ提供をしない」との方針を決めたことについて）、「このカス記事週刊誌が！」（『週刊文春』の報道に対して）という物言いは、信者の質を考慮した上で組み立てられている。

「新ビジネス」は頓挫したのか

二〇一五年に「都構想」の住民投票での否決を受け政界を引退した橋下は、「日本維新」の法律政策顧問と「大阪維新」の法律顧問に就任。それらを解消して以降は、民放のワイドショーやネット番組などに出演している。

その橋下が〝盟友〟である松井一郎とコンサル会社の立ち上げを企画して物議をかもしたことがあった。

コンサル会社の名前は「松井橋下アソシエイツ」。松井と橋下がシニアディレクターを務めるとされていた。

二〇二三年七月一日に開設されたホームページによると、業務内容は「省庁・役所などの行政機関へのアクセスサポート」だという。そこには次のような説明があった。
「ともに大阪府知事・大阪市長・国政政党代表を歴任してきた松井一郎・橋下徹と一線で実務を行ってきたプロフェッショナルを中心とするチームが、その経験・知識・人脈を活かして、貴社が必要とする行政組織、関係企業とのアクセス・調整をスムーズにし、貴社の事業を円滑に進めるサポートをいたします」
「民間企業から役所へのアプローチ方法が非常に少ないため、誤ったアクセスにより贈収賄罪に問われるような事件が昨今でも多発しています。私たち二人と、長年最前線で活躍してきた実力あるプロフェッショナルの知識・経験・人脈を活かし、法令を徹底遵守した形で、透明かつ適正な手続きを進めることのお手伝いをしたいという思いから、この会社を立ち上げることとなりました」

要するに、あっせん、口利きビジネスである。官民癒着そのものだ。

現職の知事や市長、あるいは公務員が「口利き」をした場合、刑法第一九七条の四（あっせん収賄）や、あっせん利得処罰法第一条一項（公職者あっせん利得）などの罪に問われることになる。

しかし、元公務員や元知事があっせん行為を行ったとしても、それを罰する法律は今の日本にはない。

橋下も松井もそのことを当然ながら知っている。

しかし、法律に触れないからといって、地方自治体のトップにいた人間が、公共事業に絡むビジネスに携わることが許されるはずがない。

当然、大阪においては、松井橋下案件は押し通されることになるだろう。

しかも、ホームページ上で当時公開されていた法人登記を見ると、代表取締役に松井と橋下の親族が就任していた。

計画が後に頓挫《とんざ》すると、大阪市長で大阪維新の会幹事長の横山英幸は、ツイッター（現X）で「橋下さんは知事市長時代に行政の透明性確保に徹底して努められた」と持ち上げ「新たなビジネスモデル、楽しみにしていましたが中止とのこと、残念」と投稿。現職市長が特定企業を応援するコメントを平然とする。異常極まりない。

コンサル会社への批判が続く中、同社のホームページは七月七日から閲覧ができない状態となる。

そして一〇日には、橋下がツイッターで次のように事実上の〝敗北宣言〟をするに至る。立ち上げの発表からわずか九日後のことだった。

「民間人になってまでこんな批判を受けるのはめんどくさいので活動は中止。国会議員の不透明な口利きを透明化するための中小企業支援モデルを作ろうとしたが止めた」

「俺のことをいくらでも批判すればいいが、結局、国会議員や元国会議員たちの不透明な政治資金・政治献金と怪しい行政介入・口利きは放置状態。政治力のない中小企業は政治行政の支援を受けられないまま。民間から透明公平な中小企業支援モデルを作ろうとしたけど、アホくさ。私利私欲で生きるのが一番やね」

私利私欲に走った結果、世間から猛烈に批判をくらったのにね。

ちなみに、このコンサル計画が完全に頓挫したかはわからない。松井は七月七日、ネット番組『櫻井よしこの言論テレビ』に出演した際、「（コンサル会社は）当面は活動休止状態」「もうちょっと我々もていねいに説明してやろうかな」とニヤついてコメントしている。

これについて「事業継続をほのめかしており、今後の動向にも注視が必要」（「しんぶん赤旗」二〇二三年七月一六日）と警戒する声もある。引き続き、社会全体で監視していく必要がある。

松井一郎という人物

毎日放送が二〇二二年一月一日に放送したバラエティー番組『東野&吉田のほっとけない人』に、松井、吉村、橋下がそろって出演した。これについて、番組審議会で委員から「（政治的）中立性を欠くのではないか」と指摘があり、同社は社内調査チームを設置したことを明らかにした。放送法第四条は「政治的に公平であること」と規定している。

松井は記者会見で「僕は出演依頼を受けて出ただけ。毎日放送さんは別にこれまでも決して維新寄りなんて感じたこともない。どちらかと言うとアウェーの場所かなと思っている」と説明。「どちらかと言うとアウェー」であれほどベタベタだったら、アウェーではない在阪メディアだったら、ベタベタのベッチョベチョだよね。

二〇二二年二月二四日、日本共産党委員長の志位和夫が《憲法九条をウクライナ問題と関係させて論ずるならば、仮にプーチン氏のようなリーダーが選ばれても、他国への侵略ができないようにするための条項が、憲法九条なのです》とツイート。これに安倍晋三が難癖をつけて絡んでいたが、志位の発言は正しい。他国へ軍隊を出せなくするための条項が憲法九条である。そもそも九条を理由にして海外派兵をしなかったのはかつての自民党である。

これに対し《志位さん、共産党はこれまで九条で他国から侵略されないと仰ってたのでは？》と松井がツイート。私は新聞社二社と出版社一社、元国会議員に、「九条で他国から侵略されない」と言っていたという事実はあるのか問い合わせたが、志位本人が《九条がありさえすれば何もしなくても平和が訪れるなどと主張したことは一度もない》とツイートしたとおり、発言は見つからなかった。

松井本人にもツイッターで《どこで「九条で他国から侵略されない」と言っていたのでしょうか。お手数ですが、根拠を提示してください》と事実確認をしたが、予想どおり返事は来なかった。根拠を示さないのなら、いつもどおりのデマだろう。

その後も念のため、いくつか質問してみた。

《松井一郎様　お返事をいただけないでしょうか？　それともいつも通りのデマでしょうか？》

《ついでの質問で恐縮ですが、浅草キッドの水道橋博士のツイートに対し「法的手続きします」「リツイートされた方も同様に対応致します」とおっしゃってましたが、四〇〇〇件ものリツイートした人を対象に法的手続きをするのでしょうか。それともいつもどおりの口からデマカセの恫喝なのでしょうか？》

やはり返事は来なかった。

身内の経歴詐称に対して

二〇一九年七月の参院選で、地域政党の減税日本と日本維新の会が公認した岬麻紀が、選挙公報に虚偽の経歴を記した公職選挙法違反の疑いがあるとして、東京都の男性から刑事告発された。プロフィール欄には「亜細亜大学非常勤講師」とあったが、同大学で非常勤講師を務めたことはなかったとのこと。

岬は亜細亜大学と杏林大学の「非常勤講師」の経歴を記載していたが、両大学はこれを否定。

岬は会見で「常勤の講師ではないという意味で『非常勤講師』と記載するにいたった。経歴を詐称しようという気持ちは毛頭ございません」などと意味不明の説明。

松井は「それは常勤ではないのはたしかなんでね。非常勤の講師だというふうにとらえてますけど」と発言。維新は厳重注意にとどめた。

アホにも限度がある。

常勤ではないのだから非常勤講師を名乗ってＯＫって、一休さんかよ。

第二章 「現役」の中心人物——吉村洋文と馬場伸幸——

吉村洋文と武富士

消費者金融の「武富士」が、違法業務などで批判を浴びた際、告発するメディアを相手にスラップ訴訟を連発していた時期がある。そのとき武富士の弁護団にいた一人が吉村だ。

武富士をめぐっては、週刊誌で批判的に報じたジャーナリストの関係先に武富士の社員が盗聴器を仕掛けて刑事事件化するなど、企業体質の悪質さが際立っていた。この件では武富士の創業者で会長だった武井保雄が逮捕されて有罪判決を受けている。

もちろん、どんなブラック組織の仕事を弁護士が受任しようと問題はないが、スラップ訴訟を多発する手口は今の維新にも引き継がれている。

ちなみに、橋下は大手消費者金融「アイフル」の子会社の顧問弁護士だった。さらに橋下は府知事時代、改正貸金業法で規制された消費者金融のグレーゾーン金利を合法化する「貸金特区」を国に申請していた。（「しんぶん赤旗」二〇二〇年六月二七日）

この吉村も典型的なデマゴーグだった。

礼賛された「大阪モデル」

新型コロナウイルスが蔓延《まんえん》していたさなか、いわゆる「大阪モデル」を前面に打ち出してコロナ対策に取り組んだ吉村を、メディアは礼賛。後述するように、吉村が行った施策はデタラメばかりであったが、確信犯的に嘘をつきながら府民を騙して人気を高めた。

国内でコロナ蔓延のパニックがはじまったのは、二〇二〇年の年明けからだった。大阪府健康医療部が二〇二一年年一〇月二一日にまとめた「第一波から第五波までの感染・療養状況のまとめ」によると、「第一波」は二〇二〇年一月二九日から六月一三日までとしている。

毎日新聞と社会調査研究センターが二〇二〇年五月、新型コロナウイルスへの行政の対応に関連し「最も評価している政治家」を一人挙げてもらうアンケート調査を行ったところ、吉村と答えた人が一八八人で断然トップ。五九人で二位の小池百合子東京都知事を大きく引き離す形となった。ちなみに三位は安倍晋三の三四人である。

「最も評価できない政治家」ならわかるが。

さらに、朝日新聞社も二〇二〇年一一～一二月に同様の全国世論調査を行っており、やはりコロナに関して「対応を評価する日本の政治家」を一人挙げてもらったところ、吉村は一位だった。

新型コロナの第三波が全国に拡大していた二〇二一年一月四日、東京、埼玉、千葉、神奈川の四知事がリモートでテレビ会議を開き、一都三県で人流を抑えるための「緊急事態行動」を取りまとめた。

これにより、一月八日から三一日まで、午後八時以降の不要不急の外出自粛や、飲食店の閉店時間を午後八時までに前倒しするよう要請している。

一方、一月四日、吉村は「春にはワクチンが来る。あかるい兆しも見えている。コロナを乗り越える年にしたい」と発言し、緊急事態宣言についてこうコメントしている。

「大阪は現状でコロナの感染急拡大を抑えられている。今の段階では国に対して要請するつもりはない」

このとき、大阪はコロナの感染拡大が急速に進んでおり、二〇二〇年一二月における大阪のコロナの死者数は、東京の二倍近い状態となっていた。

当時大阪市長だった松井一郎も同様。一月四日、リモートで年頭あいさつを行った松井は、「新型コロナウイルスの収束は見通せないが、ワクチン接種など克服に向けた歩みは進んでいる」、同日の記者会見でも、「ブレーキを緩めて経済を回さないと店は成り立たない」と述べ、時短要請していた午後九時までの閉店時間を、もっと遅くするべきだと語った。

緊急事態宣言は不要、飲食店は営業すべしというのが、この時点における維新の会としての総意だった。

ガラスの天井が突き抜けた(?)

では、現実はどうだったのか。専門家でつくる政府の分科会が判断基準とする六つの指標のうち、大阪は一月五日時点で、病床使用率、療養者数、感染者数の前週比、感染経路不明者の割合の四つの指標でもっとも深刻な「ステージ四」の段階だった。

一月七日、大阪府内の一日あたりの新規感染者数が、過去最多だった六日の五六〇人を超えて六〇七人になる。

吉村は会見を開き、「首都圏の状況を見ると大阪でも同じ状況が起きる。感染拡大のあきらかな兆しが見えている。ですので先手の対応をすべきというのが僕自身の考え方です」と発言。

え？

わずか三日前と正反対のことを言い出し、「大阪として緊急事態宣言の要請をすべきだというのが僕の考え方」と言ってのけた。

後手に回っていることが指摘されているのに、「先手」をとると言い出す。

専門家を含め誰もが指摘していることなのに、「僕の考え方」というのもアホ臭い。「あかるい兆しも見えている」というのが「僕の考え方」ではなかったのか。

こうして大阪のコロナによる死者は激増していった。

吉村はさらに八日の会見で恥をかく。

記者から「いつ発令要請にと考えが変わったのか？」と聞かれると、「ひとつは五六

2021年１月5日時点の東京、大阪の新型コロナウイルス感染状況（療養者数と感染者数は人口10万人あたり）

	ステージ3	ステージ4	東京	大阪
病床使用率（%）	20以上	50以上	75.6	64.4
療養者数（人）	15以上	25以上	82.31	47.23
陽性率（%）	10以上		13.6	8.5
１週間の感染者数（人）	15以上	25以上	49.25	23.52
感染者数の前週比（倍）	1以上		1.24	1.1
感染経路不明者の割合（%）	50以上		68.9	52.2

出所：日本経済新聞（21年1月8日）を元に作成

○名の、一挙にガラスの天井が突き抜けた瞬間と、それが次の日も六〇〇名を超えると報告を受けたこと」と返答。会見場にいた記者たちをポカンとさせた。

言うまでもなく、「ガラスの天井」とは、実力があっても女性やマイノリティを組織内でキャリアアップさせない、見えない差別の壁のことを指す。

知らない言葉を使うからバカがバレるのだ。

「嘘のような本当の話」という嘘

吉村は会見で「嘘のような本当の話をす

る」として、市販のイソジンがコロナに効くと言い出した。

「嘘みたいな本当の話をさせていただきたい。ポビドンヨードを使ったうがい薬、目の前に複数種類ありますが、このうがい薬を使って、うがいをすることでコロナの陽性者が減っていく。薬事法上、効能を言うわけにはいきませんが、コロナに効くのではないかという研究が出たので紹介し、府民への呼びかけをさせていただきたい」

もちろん「嘘のような嘘」であり、人の命にかかわることなので、笑いごとではすまされない。

吉村とコロナといえば、製薬ベンチャー『アンジェス』（大阪府茨木市）が開発中とされたコロナワクチン（後に開発中止）との絡みも忘れてはならない。

アンジェスは一九九九年創業の大阪大学発の製薬ベンチャーで、遺伝子治療薬に特化した開発を進めている企業。

それまでワクチン開発の実績はなかったが、コロナの第一波がはじまった直後の二〇二〇年三月、コロナワクチンの開発をスタートさせると発表した。

すると吉村は四月の会見で「早ければ七月に治験を始め、九月に実用化。年内に一〇万から二〇万の単位での製造というのが可能になる。コロナと戦う武器になる。これは絵空事ではない」と豪語。「ぜひ大阪でワクチンを実現させたい。オール大阪で取り組む」と話し、府が開発を後押しする姿勢を示した。

さらに六月の会見では治験の日程を公表。治験対象は市大病院の医療従事者二〇～三〇人、一〇月には四〇〇～五〇〇人規模に治験を拡大すると具体的に数字を示し、「二〇二一年春から秋にかけての実用化」と、スケジュールにまで踏み込んで説明した。治験の安全性の議論についても触れ、「(医療従事者が〝実験台〟になるのは)おかしいんじゃないかという意見があるのは知っている。それだったら僕を最初に治験者にしてもらっていい。僕が第一号でやります」と語るのであった。

結果、アンジェスの株価は爆上がりし、コロナ前の二〇一九年一二月頃に六〇〇～七〇〇円程度だった株価は会見後には二〇〇〇円を突破した。

しかし、これもデタラメだった。アンジェスは二〇二二年九月七日、ワクチン開発の中止を発表。治験を繰り返すもウイルス変異に追いつけず、ファイザーやモデルナ製のワクチンより効き目がないことがわかった。アンジェスには国から七五億円の補助金が投入されていた。

開発中止の発表を受け、吉村は「成功に至らなかったことは残念に思います」と他人事のように語り、「すべてが成功するわけではない。チャレンジしないと成功もない」と開き直った。

また、吉村が六月の会見で治験のスケジュールを公表したことについて、その時点では、治験を承認する市大病院の審査委員会は開催されていなかったことが判明。吉村が前のめりになっていただけだった。

治験のめども立っていないのに「二〇万人分製造！」「絵空事じゃない！」「オール大阪で！」と騒いでいたわけだ。

これについて記者から聞かれると「森下（竜一）教授（アンジェス創業者）から聞いた話なので問題ない。僕が想像して発信したわけでない」と発言。

二〇二〇年七月四日、毎日新聞は「知事は大阪市長と共に、市大と大阪府大を運営する公立大学法人大阪の理事長の任命や多額の運営費交付金など、大学に対して大きな影響力を持つ。市大内には『医療というより政治の話になっている』と、反発や困惑が広がった」と指摘。

要するに、コロナを政治マターにして自分の手柄にしたかった吉村が、大失敗して医療現場を混乱させ、それを記者から追及されたら開き直ったというのが大きな流れだ。

ところで、ＹｏｕＴｕｂｅで関連動画を見ると、吉村を称える書き込みで溢れている。たとえば、二〇二〇年四月七日配信のＡＮＮニュースチャンネル『【ノーカット】「緊急事態宣言」を受け 吉村・大阪府知事が臨時会見』の動画には、目を疑うようなコメントが並んでいる。

「吉村知事は決断力と行動力がすごいしすごくイケメンで最高な知事やな」

「吉村さんスピード感あって素敵！」

「まじで頼もしい。大阪府民でよかった」

「この人、良くやってるよな。目つきが違うよ。長期戦だから無理なく体調管理して下さいな」

騙す人間に問題があるのは当然だが、簡単に騙される人間がいるから、世の中がおかしくなっていくのである。

吉村洋文ヨイショの闇

吉村を増長させたのはメディアである。
一時期、キャンペーンのように吉村を礼賛する記事があった。

《吉村洋文知事、紅葉を楽しむ休日ショットを公開し黄色い声殺到「夜の知事もカッコイイ」「男前」》（「スポーツ報知」二〇二一年一一月二二日）
《吉村洋文知事、パン屋立ち寄る休日ショットに黄色い声殺到「カッコ良すぎ」「よりイケメンに」》（「スポーツ報知」同九月二〇日）
《吉村洋文知事、胸元にサングラスの私服姿に黄色い声殺到！「カッコ良すぎ」「髪切りましたか」》（「スポーツ報知」同一一月八日）
《吉村知事、オフの散歩ショットに異例の〝黄色い声〟殺到「イケメンすぎ」「自撮りかわいい」》（「スポーツ報知」同三月八日）
《吉村洋文知事　「紅葉が、綺麗だぜぃ」カジュアルコーデのオフショットに「カッコ

イイ」「イケメン」の声》（「スポニチアネックス」同一一月二二日）
《吉村洋文知事、ライトアップされた紅葉バックの一枚に女性ファン興奮「イケメン目立ちすぎ」》（「ENCOUNT」同一一月二二日）
《吉村知事　知事室から撮影した月食写真を投稿　大阪城バックに「カッコイイ」「めっちゃ幻想的」の声》（「デイリースポーツ」同一一月一九日）
《維新副代表の吉村知事　健康法は？に「寝る前にお菓子食べる」》（「デイリースポーツ」同一〇月二五日）
《吉村洋文知事、金メダルを首にかけ笑顔の写真を公開…ネクタイも金「かっこよさ金メダル」「かわいい」》（「スポーツ報知」同一一月一五日）
《吉村洋文知事、関西弁全開のインスタ最新投稿に黄色い声殺到！「カッコイイのに可愛さもある」》（「スポーツ報知」同一〇月四日）

ここにどのような力が働いているのかは外からはわからないし、こうした記事を異常と思わない人間が世の中に一定数存在することは知っている。しかし、それにしてもである。かつて「（スターリンは）子供ずきなおじさん」と書いた恥知らずの全国紙もあったが、この類のメディアは過去に対する反省がまったくない。

急性期病床を二二九床削減

吉村は臨時医療施設「大阪コロナ大規模医療・療養センター」（大阪市住之江区）でも大失敗している。整備に七八億円の予算を投じ、一〇〇〇床規模の施設を二〇二二年一月末に稼働させたが、ほとんど利用されないまま二〇二二年五月に閉鎖している。利用者は一日最大七〇人、累計でも約三〇〇人にとどまった。入所者一人あたりのコストは約二五〇〇万円にのぼった。

もちろん、コロナ対策は必要だが、維新の場合、やっていることが支離滅裂。「官から民へ」のスローガンを掲げ、赤字施設を潰してきた。

住吉市民病院や府立健康科学センターは廃止され、府立公衆衛生研究所と市立環境科学研究所は統合縮小された。

府立病院の予算も大幅に削られ、千里救命救急センターや大阪赤十字病院への補助金は廃止された。

吉村は「重症病床は命を守る最後の砦だ。（患者が）あぶれるような状態に絶対になってはならない」（二〇二一年一月二八日）と言いながら、急性期病床を二〇二〇年度に二二九床も削減していたことが、日本共産党府議団の追及で明らかになっている。

こうしたデタラメな施政の中、大阪のコロナ死者数は全国でワースト一位になった。

それでも吉村は開き直る。記者から「死者数が他の都道府県と比べて多い理由を分析しているか」との質問に、「陽性者に対する亡くなった割合を全国で見てほしい。大阪が群を抜いて多いとの質問が多いがそうではない。東京はかなり低いが、大阪はちょうど真ん中ぐらいになっている」（二〇二一年二月一五日）。死者数をなぜか死亡率にすり替えるという詭弁を弄した。

その後も事態は悪化の一途をたどる。読売新聞は「新型コロナウイルスによる死者が国内で四万人を超える中、都道府県別では、大阪府が六〇〇〇人を突破し、最も多い状態が続いている。人口、感染者がいずれも一・五倍の東京都よりも約七〇〇人多く、全国の一五%を占める」と報じた（二〇二一年九月四日）。

吉村は二〇二一年末に、一〇月の衆院選で公示前の一一議席から四倍近くの四一議席に増やし、第三党に躍進したことを振り返り、「少し数が増えたからと言っていい気になってはいけない」「まだ一〇年くらいの政党。支持基盤も持たない、いつ消滅してもおかしくない政党」と危機感を示した。日本がまともな国ならすでに維新は消滅しているはずだ。

二〇二二年一月、沖縄県の新型コロナの新たな感染確認が一四〇〇人を超えたことについては、「沖縄の医療をいかに支えるのかを迅速に判断してほしい。集中的な支援が必要。国はそこに速くかじを切るべきだと思う」。米軍基地の周辺地域でオミクロン株の感染者が急増している件については「僕が現地の知事だったら怒り狂うと思う」。

ネット上では「お前が言うな」と一斉にツッコミが入っていた。

吉村は「どんちゃん騒ぎを避けろ」と言いながら、不要不急の大阪市解体をめぐる住民投票を仕掛け、他の自治体で発生したいかがわしいリコール騒動に賛意を示していた。

馬場伸幸の発言に見る維新の本質

馬場伸幸もまた維新にふさわしい典型的なデマゴーグである。

そもそも馬場はどういう人物なのか。高校卒業後、ファミレスの店員を経て議員秘書に。堺市議を経て、二〇一二年の衆院選で初当選している。馬場の取材を続ける朝日新聞の今野忍記者によると、「馬場さんは高卒で、大学入試は一二学部も落ちて、予備校にも落ちた人」(「ABEMA TIMES」)とのこと。また、馬場本人によると、議員秘書になるときは衆議院と参議院の違いもよくわかっていなかったという。(ENTAME next「ファミレスのコックから議員秘書へ」日本維新の会・馬場幹事長の意外な経歴)

結局そのまま政治を理解せずに、維新という異常な組織の中でのし上がっていったのだろう。

「はじめに」でも少し述べたが、衆院選の公示日を二日後に控えた二〇二一年一〇月一七日、馬場はNHK『日曜討論』に出演し、次のようなデマを流した。

「大阪ではもうすでに幼児教育の無償化、中学生に対する塾代助成クーポン券を渡していますし、給食も無償化になっています。私立高校も、大阪では完全に無償と。来年春にできる新しい公立大学についても、授業料を無償化にできないか、今検討しています」

もちろん嘘である。

発言時点では私立高校の無償化には所得制限があり、入学金なども必要。また、維新が二〇二三年に公表した新制度では、所得制限をなくし六三万円を超える授業料は、私立高校が生徒の全員分を負担することになる。にもかかわらず、維新は組織的に大阪府の私立高校を「完全無償化」したとデマを流し続けてきた。

会見で記者が嘘を指摘すると馬場はこう答えた。

「言いぶりというのはありますよね。選挙の時ですから。私がそれ国会で、公の場で質問したりとか、そういうことをしているということであれば大問題ですけれども、もちろんカッコ書きの中に所得制限はありますけれども完全に無償化してますと、該当者の皆さん方には完全に無償化していますという意味合いでね、言ってるんです」

要するに、選挙の際には嘘をつくと言っているわけだ。これが維新の会の本質である。

吉村も二〇二一年一〇月二五日および二六日の街頭演説で、大阪では「身を切る改革」で財源を確保し「私立高校の完全無償化」を実現したとデマを流している。

吉村は各地の街頭演説で、昔の大阪市は大赤字でそれを立て直したのが維新市政だったという趣旨の発言を繰り返したが、これももちろんデマである。

大阪市のホームページには二〇二一年度一般会計決算について、「歳入から歳出を差引きした形式収支は、四〇九億三四〇〇万円の剰余となっており、そこから翌年度に繰り越すべき財源を差引いた実質収支は、三〇七億九六〇〇万円の黒字と、引き続き黒字基調を維持しており、平成元年度以降三三年連続の黒字となりました」とある。

二〇二二年六月二七日、政見放送で松井は「維新の会は経費については領収書を公開しています。でも公開しているのが我が党の議員だけというのが大問題なんです」「私立高校、所得制限ありますけど、だいたい八〇％の人は授業料のキャップをはめてますんで、入学金、授業料、無償で自由に学校を選択できるようになっている」と発言した。

もちろんこれもデマ。日本共産党は使途を公開しているし、先述のとおり私立高校の入学金は有償である。

維新の会がデマゴーグの集団であるということは、批判でも悪口でもなく、膨大な数の証拠がある客観的事実である。

水を捨てるという嘘

二〇一七年の大阪府堺市長選で、大阪維新の会は元大阪府議の永藤英機を公認候補に擁立したが、このとき維新は、「水道料金」の値下げを主要なスローガンに掲げた。そして維新は「大阪市の水を堺市に引っ張ってくることができれば、水道料金の値下げは可能」というデマを組織的に流し始めた。

まずは候補者の永藤が街頭演説でデマを流す動画がSNSで拡散された。ちなみにこの演説はまだ選挙期間前で事前の選挙運動にあたると公職選挙法違反も指摘された。永藤の発言は以下のとおり。

「ひとつ象徴が水道代です。水道代、ほぼ大阪市と堺市は倍違うんです。たった大和川を挟んだだけなのに、ほぼ倍近くする水道料金を払っている堺市民。そして一方、なぜか半額に近い料金である大阪市。なぜなのか？　それは役所の違いなんです。公務員を増やせば水道料金が上がるのは当たり前であります。我々維新の会は、必ずこの大阪市民並みの水道料金に変えてまいります。これができるんです」

　堺市の水道料金は大阪市の二倍ではないし、堺市の水道料金は大阪府内の全市町村中九番目なので、平均よりは安い。

　さらに馬場は応援演説で、「新しいやり方をしなければならない」「大阪市は既に水が余っています。大阪市は四〇％近くの水を廃棄しているんです。捨てているんですよ」「これを堺に引っ張ってきたら水道料金は下がるんです」とデマ。給水量は水道局が日々調整しており、多いときには翌日に量を減らしてコントロールしているため、余った水を捨てることはありえない。大阪市水道局はこれを否定した。（「しんぶん赤旗」二〇一七年九月二一日）

　ナチスの国民啓蒙・宣伝相だったヨーゼフ・ゲッベルスは言っている。

「一般市民は、私たちが想像する以上に原始的である。したがって、プロパガンダは常に単純な繰り返しでなくてはならない。結局、諸問題を簡単な言葉に置き換え、識者の反対をものともせずに、その言葉を簡明な形で繰り返し繰り返し主張し続けることができる人だけが、世論に影響を与えるという最終的な結果を残せるのだ」

維新がやっていることもこれと同じである。

空想の世界をつくろうとしているのは誰か

二〇二二年四月一八日、馬場は、将来の政権交代を目指す方針について「自民党と連立を組むことは考えていない。あくまで目標は単独で政権を取ることだ」「(憲法改正について)一日も早く一度、国民投票はすべきだ」「直接民主主義を国民に体験していただくことが、日本の民主主義を成長させる大きなエンジンになる」と発言。

直接民主主義がいいなら、維新という政党もいらないという話になる。まあ、たしかに「いらない」のだが、少しは歴史に学んだらどうか?

二〇二三年七月二三日、馬場はネット番組で「第一自民党と第二自民党が改革合戦をして国家・国民のために競い合うことが、政治をよくしていくことにつながる」と述べ、自民党と維新の会が政権の座をかけて争うべきだと強調したとのこと。もはや悪党は正体を隠さなくなった。

また馬場は、共産党について「日本からなくなったらいい政党で、言っていることが世の中ではありえない。空想の世界をつくることを真剣に真面目に考えている人たちだ」と批判。空想の世界をつくろうとしている花畑は一体どちらか。先述したように、「都構想」という名の大阪市解体のスキームにおいて、連中は住民投票が通れば、ニューヨーク、ロンドン、パリ、上海、バンコクと並ぶ大都市になると繰り返していた。しかし政令指定都市である大阪市が解体されたら、金欠により都市計画も進まず、ニューヨーク、ロンドン、パリどころか、町や村以下の特別区になることになっていた。

立憲民主、共産両党は猛反発していたが、これまで維新を甘やかしてきたツケ。きちんと懲らしめたほうがいい。

社会福祉法人の乗っ取り疑惑

馬場に関しては、社会福祉法人の乗っ取り疑惑も出てきた。『週刊文春』（二〇二三年八月一〇、二三日号）によると、馬場はもともと、堺市で四つの保育園を運営する社会福祉法人「ドレミ福祉会」の業務執行理事という肩書があったのだが、二〇二三年六月に理事長に就任。前理事長は八〇歳を超える高齢者で、認知症の症状が出ていたため、馬場がホームを手配して入所させ、通帳や印鑑を押さえて資産管理をはじめたという。

こういう手続きは通常、家庭裁判所を絡めて成年後見制度を活用するか、家族信託を選ぶのが普通である。

記事では「不透明かつ私的な財産管理に加えて、馬場君は認知機能が衰えた（前理事長の）西さんを追い出し、自ら理事長に収まった。『社会福祉法人を非道な形で乗っ取った』という人もいます」と憤る元理事の声などが紹介されている。

第三章　背後にいる者——竹中平蔵と菅義偉——

小泉内閣時代の「日本経済の再生シナリオについて」

「身を切る改革」「既存構造をぶっ壊す」「グレートリセット」と声高に叫びながら、構造改革利権を狙ってきたのが維新である。

当然、そこにはいかがわしい勢力が絡んでいる。

人材派遣会社パソナグループの取締役会長（二〇二二年八月退任）の竹中平蔵は、政権中枢に居座り、国を大きく傾けてきた。

小泉純一郎は二〇〇五年のいわゆる郵政選挙で「改革なくして成長なし」とワンイシュー戦法をとり、問題を極端に単純化することで、普段モノを深く考えていない人々の票を集めたが、そこでも竹中は動いていた。

竹中は一橋大学を卒業後、日本開発銀行設備投資研究所に入所。研究所に在籍中の一九八四年、『開発研究と設備投資の経済学』という本を書いて、サントリー学芸賞を受賞している。

ジャーナリストの佐々木実が『月刊現代』二〇〇五年一二月号に書いた「竹中平蔵

仮面の野望（前編）」によると、研究所の同僚と共同の実証研究の結果を無断で使用していたという。

竹中はその後、学者に転向し、構造改革や自己責任論を政界に組み込んでいく。

一九九八年、小渕恵三内閣における経済戦略会議の委員に就任。

森喜朗内閣ではIT戦略会議の創設を提言し、自ら委員に収まる。

二〇〇一年の第一次小泉内閣で経済財政政策担当大臣とIT担当大臣に就くと、経済財政諮問会議で「五三〇万人雇用創出」をぶち上げた。

内閣府のホームページには、竹中が書いた平成一三（二〇〇一）年六月二一日付の「日本経済の再生シナリオについて」という文がアップされているが、小見出しには「日本経済は当面低い成長、だからこそ構造改革が必要」とある。一部抜粋する。

「中期的にみると、日本経済は、プライマリーバランスを黒字にすることを目標とした政策運営の中で、構造改革を通じた経済活性化や将来に対する不安感の軽減などにより、民需主導の経済成長を実現し、潜在力を十分発揮していくものと予想される。また、雇用面でも新規分野における雇用機会の創出（試算によれば、新規分野を含むサービス分野においては、五年間で五三〇万人が期待）や労働移動の増加に対応する制度改革によって就業機会の拡大が期待される。今日でも、成長性が高く専門的な技術を必要とする業種や職種（例えば、医療や介護関連、情報等）においては、求人が旺盛で人手が不足しているという事実が、将来の動きを示唆している。

私としては、構造改革を進め、再生シナリオが実現していけば、少なくとも概ね二％成長程度の実力を日本経済は有していると考えている。具体的な検討は、今後深めてまいりたいと思っている」

要するに構造改革こそが雇用を生み出し日本の成長に寄与するという話だ。

これについて、共産党の大門実紀史から「具体的にどのような雇用か」と国会で質問された竹中は、「アメリカではＩＴを中心とした企業で、雇用が減った分の二倍生まれている」と言いながら、「今デジタル革命だと思っている。何が起こるのか、わからないのが革命」とうやむやなことを言い出した。

嘘がバレそうになると論点をずらす

嘘がバレそうになると論点をズラし、話をすり替えてごまかすのがこの手の人物の特徴だ。

竹中は雇用についてこのように話をすり替えた。

「ＩＴは新たな技術や雇用を生み出す可能性のある〝期待の星〟だったので、わらにもすがるような気持ちで、あまりに多くの人たちが、安易にこの部門にお金を注ぎ込んで工場を作ってしまった面も否めないでしょう。『これが唯一成長の分野だ』と思い、のめり込みすぎた人が多かった。この問題は、『ＩＴ』というより、マーケットそのものが持つ、一種の不安定性みたいなものが大きくなってしまった結果でしょう」（『日経ウーマン』二〇〇二年一月号）

自分で散々煽っておいてこれである。

先述のとおり、第一次小泉内閣で経済財政政策担当大臣とＩＴ担当大臣に就くと、その後の改造内閣では経済財政政策担当大臣と金融担当大臣を兼任。

二〇〇三年の第二次改造内閣では内閣府特命担当大臣として金融、経済財政政策を担当した。

二〇〇四年、参院選に比例区から出馬してトップ当選。第三次小泉内閣で総務大臣と郵政民営化担当大臣に就任する。

ここで、いわゆる「郵政解散」選挙がはじまった。

公務員改革という名目で派遣社員を送り込む

維新の背後に政商の竹中がいるということは、当然狙われるのは大阪関連の利権である。

実際、大阪府や大阪市はパソナに莫大《ばくだい》な額の業務委託をしている。

公務員改革やコストカットを名目に公共サービスや施設の統合・民営化を行い、正規職員は大幅に減り、穴埋めにパソナから大量の派遣社員が送り込まれるという図式である。

大阪市区役所職員非正規率・非正規職員内訳（2015年度）

		2015年度												
		全職員数	正規職員数	非正規職員							外部委託			休職職員数
				再任用	任期付	臨時	非常勤嘱託	アルバイト	総数	非正規率	委託窓口	委託先社員数	委託先	
1	北区	198	158	11	5	1	14	9	40	20%	戸籍登録課	18	株式会社パソナ	4
2	都島区	201	154	11	5	4	27	4	51	25%				
3	福島区	146	123	8	3	1	11	2	25	17%	窓口サービス課	0	株式会社パソナ	2
4	此花区	166	132	10	9	0	18	0	37	22%	窓口サービス課	未記入	パソナメディカル	2
5	中央区	213	147	6	4	2	34	5	51	24%	窓口サービス課	15	株式会社パソナ	0
6	西区	158	130	6	5	0	14		25	16%	窓口サービス課	19	富士ゼロックスシステムサービス	0
7	港区	225	160	13	7	4	23	3	50	22%	窓口サービス課/総務課		KMK'S／パソナ	1
8	大正区	197	144	13	5	0	25	1	44	22%	窓口サービス課	9	株式会社パソナ	2
9	天王寺区	180	127	9	4	1	23	0	37	21%	窓口サービス課	16	富士ゼロックスシステムサービス	0
10	浪速区	226	166	9	11	1	39	0	60	27%	窓口サービス課	21	株式会社パソナ	
11	西淀川区	192	154	7	6	0	25	0	38	20%				2
12	淀川区	302	219	11	12	0	37	4	64	21%	窓口サービス課	19	株式会社パソナ	3
13	東淀川区	386	259	13	19	3	47	4	86	22%	窓口サービス課	41	株式会社パソナ、メディカルパソナ	8
14	東成区	186	154	9	6	2	13	2	32	17%	窓口サービス課		富士ゼロックス	
15	生野区	332	250	10	15	4	43	10	82	25%	総務・窓口サービス課	未記入	両方ともパソナ	2
16	旭区	212	168	9	8	2	25	5	49	23%	窓口サービス課	12	富士ゼロックスシステムサービス	4
17	城東区	277	202	16	13	3	37	6	75	27%	窓口サービス課	10	株式会社パソナメディカル	13
18	鶴見区	189	160	10	5	2	12	0	29	15%	窓口サービス課	12	株式会社パソナ	2
19	阿倍野区	215	159	6	6	3	16	0	31	14%	区民サービス	7	株式会社パソナ	1
20	住之江区	287	209	8	11	4	31	0	54	19%	窓口サービス課	24	ヒューマンタッチ株式会社	1
21	住吉区	300	244	11	15	5	25	0	56	19%	住民情報課		株式会社パソナ	1
22	東住吉区	304	230	18	13	2	21	6	60	20%	窓口サービス課	14	株式会社JSキューブ	3
23	平野区	450	314	22	19	2	81	12	136	30%	窓口サービス課	26	株式会社JSキューブ	2
24	西成区	561	409	19	40	3	110	0	172	30%	窓口サービス課、保健福祉課			6
	合　計	6,123	4,572	265	246	49	751		1,384	23%		263		59

出所：大阪社会保障推進協議会

実際、大阪市では二四区のうち大半が非正規職員の委託先としてパソナと契約している（上の表）。市や区の随意契約の相手方にもパソナが選ばれることも多い。

維新が言う「身を切る改革」「民営化」「人員削減」により、身を切られているのは有権者であり、維新やパソナ（竹中）は焼け太りしているわけだ。

百歩譲って仕事をきちんとするならまだしも、実態はその逆だ。

朝日新聞デジタルは二〇二三年二月一〇日「一〇〇人いるはずのオペレーターが…パソナ委託先、水増し請求の実態」の見出しで記事を配信。

また、『ＡＥＲＡｄｏｔ.』は二〇二〇年四月二八日、「竹中平蔵氏　安倍首相の諮問会議で非公表の内部資料を国交省に開示させていた　本誌の情報公開で発覚」との記事を配信した。

同記事によると、「構造改革徹底推進会合・第四次産業革命会合」（安倍政権下で成長戦略の司令塔として設置された「未来投資会議」の分科会）の会長だった竹中は、公共施設運営権の政策のとりまとめを行っており、全国各地の空港も対象に含まれていた。二〇二〇年一月に開かれた会合で、竹中は各空港の財務状況を分析した資料を開示するよう、国土交通省に強く求めたが、竹中が当時社外取締役を務めたオリックスは、関西国際空港の運営に参入していた。わかりやすい利益相反だ。

さすがに国交省職員も躊躇したようだが、竹中の強硬な姿勢に最後は折れたという。

記事は霞が関関係者の話としてこう伝えている。

「これまでの議事メモをみると、竹中氏は民間企業が一度支払った運営権対価を、再び空港に投資させる制度の導入を求めている。関西国際空港は、一八年の台風二一号で大きな損害を受けた。新型コロナウイルスの影響で乗客数も激減するなど、空港運営はリスクが高い。竹中氏は運営権対価の一部を、空港の設備投資に使えるようにしたいのでは」

二〇二〇年一一月八日、読売テレビ『そこまで言って委員会NP』に出演した竹中は、政界引退を表明した松井一郎に向け、「私は政治家としての能力、これは菅総理を含めて、みんなものすごく高く評価してるんですよ」「少し期間をおいて国政に出ていただきたい」と持ち上げた。

手駒を確保しておくのが政商として生き延びてきた竹中の手法である。

橋下と菅の関係

橋下が政界入りするきっかけを作った一人が菅義偉であることは知られている。

橋下と菅の関係は、二〇〇七年一一月の大阪市長選挙の際からといわれている。

福田康夫政権で選挙対策副委員長をしていた菅のもとに、大阪の地元議員らが「橋下徹を市長選に出したい」と要望に訪れた。

菅はこう語っている。

「橋下徹と松井一郎という政治家は捨て身で政治を行っていますから、二人を信頼しています。そもそも橋下さんを紹介されたのは、大阪の国会・市会議員の人たちからなんです。当時、選対副委員長であった私から橋下さんの市長選挙への出馬を説得してほしいということだったんです」(『SAPIO』二〇一五年一〇月号)

菅は橋下とホテルで直接会って市長選出馬を説得したが、このときは橋下がタレント活動などを理由に固辞している。

その後しばらくして、橋下は約二カ月後の大阪府知事選へ立候補をしたいと言ってきたという。

結局、菅が担ぎ出す形で橋下が府知事選に出馬し、自民党の支援を受けて当選している。

菅が二〇二〇年九月に自民党の総裁に決まったときは、菅と維新との距離があまりに近いことから、メディアも菅を「維新寄りの総裁誕生」とはっきり書いていた。

以下は二〇二〇年九月一四日の日本経済新聞の記事の抜粋。少し長いが、的確にまとまっているので引用しておく。

《自民党の新総裁に一四日に選出された菅義偉官房長官（七一）は、二〇二五年国際博覧会（大阪・関西万博）の誘致などを通じ、大阪維新の会の松井一郎代表（大阪市長）と親しいとされる。菅氏は一一月一日に住民投票が実施される予定の「大阪都構想」にも理解を示す。都構想に反対する自民大阪府連は「維新寄り」の総裁誕生に警戒感を強めている。

「安倍政権を七年八カ月支えたナンバー2が政権運営するということで、大阪と国が連携しながら成長を目指していきたい」。維新代表代行の吉村洋文府知事は一四日、新総裁の誕生を歓迎した。

菅氏と松井氏の関係は、二〇〇八年に維新前代表の橋下徹氏が自民、公明両党の支援で府知事選に初当選したときに遡る。菅氏は自民の選挙対策副委員長で、府議だった松井氏と協力。第二次安倍晋三内閣発足後は、安倍氏、菅氏、橋下氏、松井氏の四者の会食が年末の恒例行事となった。

大阪・関西万博の誘致やカジノを含む統合型リゾート（ＩＲ）の制度化などでも官邸は大阪府・市に協力。府幹部は「菅氏は官房長官として万博誘致に尽力してくれた。今後も予算確保などで優先的に考えてくれるのではないか」と期待する。市関係者によると、一九年のＧ20大阪サミットでは事前調整に行き詰まった松井氏が菅氏に直接電話し、解決に至ったケースがあったという。

都構想も菅氏との因縁が深い。菅氏は一二年、野党だった自民の「大都市問題に関する検討プロジェクトチーム」の座長を務め、東京都以外の大都市が特別区を設置できるようにする大都市地域特別区設置法の成立を推進した。今月三日の会見でも「二重行政の解消を図ろうとするものと認識している」と都構想に前向きな発言をしている。

仮に住民投票で賛成多数となれば、維新が目指す「大阪都」への名称変更は法改正などが必要で、政権の協力が不可欠だ。維新幹部は「菅総裁は維新にとって強力な後ろ盾となるはず」と話す》

要するに、維新と官邸はズブズブの関係だった。だから当時は橋下の閣僚起用の可能性すら取りざたされた。

その点についてテレビ番組のキャスターから質問された菅は「仮定の話には答えない」としながら、橋下の大阪府知事時代に自民党として「支援」した経緯や、菅の総務相時代に橋下や松井がしてきたことを「改革」として評価し、「橋下氏は改革の一つの道筋をつけてきた」と持ち上げた。

「電話一本ですべて大阪の問題を解決できる」

この手の連中は根のところで深くつながっている。

橋下は安倍晋三とも深くつながっていた。

安倍は情報弱者であるネトウヨなどに配慮しつつ、新自由主義路線により、国家機能の解体を進めてきたが、維新はその補完勢力、先兵として動いてきた。

連中はそれを隠しもしなくなってきた。

橋下は二〇二一年一二月三〇日放送の『爆笑！　二〇二二年こうなる宣言』に出演し

た際、視聴者からの「松井さんは菅さんと仲良かったけど、岸田さんになってどうなるの？」という質問に対し、「菅さんのときのような電話一本ですべて大阪の問題を解決できるような関係ではないですよね」と発言。

さらには、「ぼくが大阪維新の会を立ち上げる前、まだ民主党政権のとき、菅さんは野党の一議員だったんですけど、東京から週に一回ぐらい（後にツイッターで月一回に訂正）松井さんに会いに来てたんですよ。『時間ない？　コーヒーでも飲もう』って。その時、松井さんは大阪府知事で」。

「そうしたら安倍政権が誕生して、菅さんが官房長官になったわけですよ。すると松井さんのところに電話がかかってきて、『官房長官になるから、そんなに大阪にそんなに行けなくなるから、最後に挨拶に行く』って、官房長官就任の直前にまたコーヒーを飲んで帰って行って」

「それぐらいの関係なんで、大阪の改革を安倍さんも菅さんも凄く評価してくれてましたから、カジノとかIRとか大阪万博、それからリニア。国の力がなかったら動かないようなことを協力してくれて、JR大阪駅の北側のうめきた、あれも開発が進んでます

けど、あれも安倍さんと菅さんの力を借りてお金を引き出したんですよ」（「スポニチアネックス」二〇二一年一二月三〇日）

安倍や菅がカネを引き出すのに協力していたことを、当事者が明言したわけだ。

ちなみに、松井と岸田の関係について、橋下は「岸田さんと松井さんはそこまでの関係はないです。でも、それが普通です。普通の政治家対政治家でやっていくと思う」（同前二〇二一年一二月三〇日）と語っている。要するに、維新と官邸の関係が「普通」でなかったことを認めているわけだ。

安倍と橋下、菅、松井の四人は、毎年忘年会を開いていた。

橋下は自身がパーソナリティを務める『ＮｅｗｓＢＡＲ橋下』（二〇二二年一月一五日配信）で菅をゲストに呼び、当時の蜜月ぶりを喋っている。

「松井さんとぼくと菅さん、安倍さん、四人で話をさせてもらうときに、大阪のコレをお願いします！と、松井さんとぼくで安倍さんのお猪口に溢れんばかりに（酒）を注ぎながら……（笑）。それで（安倍が）気持ち良くなったときに、松井さんが大阪万博の演説とか熱弁をふるってね。だからあの当時、安倍さんと菅さんと松井さんとぼくで食事をさせてもらったときなんかに、大阪万博もそうですし、IRもそうですし、リニアもそうなんだけど、あそこ（四人の食事の場）で号令がバーンと出たら、動くんですもんね、政治っていうものは。それをすごい体験させてもらいました」

菅は数秒の間をおき、「まあ、そういう意味で、官邸というのは、特別な雰囲気があると思うんですよね」と発言。

人治国家か。

橋下は続ける。

「むかし、官僚主義とか官僚主導とかいろんなこと言われてましたけど、でも実際、本気で政治が号令をかけて、組織を動かせば、ほんとに日本の、全体が動いてくというかな。大阪万博なんて僕ら、正直ぜったい無理だと思ってましたもん。（中略）大阪ではみんな、役所のメンバーも経済界も、そんなの無理に決まってんじゃんっていう雰囲気だったから」

菅「だけど政府は、真剣勝負でしたよ、ほんとに」

橋下「それはもう、お願いして、松井さんが熱弁ふるって、そしたら安倍さんと菅さんで、年明けからちょっと本気になってやって行こうっていう話になってから動き出して。それでもう、二〇二五年、大阪万博ですからね」

菅「いいときだと思いますよね。これをニッポン飛躍の、最高の機会にしないとダメですよね」

その後、大阪・関西万博がどうなったかはご存じのとおりである。

酒を飲ませて、相手を「気持ち良く」させ、密室ですべてを決めるというやり方は、まともではない。

八尾空港にオスプレイ

大阪・関西万博の主催者は二〇二五年日本国際博覧会協会であり、政府は協会の開催国としての義務履行を保証する。つまり、安倍がＯＫを出さなければ大阪が万博に手を上げることはできなかった。

持ちつ持たれつの関係にあった両者。官邸も維新を利用した。

橋下（当時大阪市長）と松井（同大阪府知事）は二〇一三年六月六日、官邸を訪ねて安倍―菅と会談を行い、米軍の新型輸送機ＭＶ22オスプレイの訓練の一部を、大阪の八尾空港で受け入れる意向を示した。

会談の後、橋下は「オスプレイの負担を本州でわかちあうために、まずは八尾空港を検討のテーブルに上げていただきたいと申し入れた」と記者に説明。

沖縄の基地負担の肩代わりを他の都道府県が国に申し出るのは史上初めてのことだった。

安倍は「自治体からの声はありがたい」と答え防衛相に検討を指示。菅も「提案を歓迎したい」と答えている。

一方、空港のある八尾市の田中誠太市長が「何も説明がないまま候補地に上げられたのは遺憾」と反発。市のホームページには【八尾市の見解と姿勢】として、「八尾空港でのオスプレイ飛行訓練は、内陸部の市街地に立地する空港であり、空港の機能面・設備面を考えても適地であると判断できないと考えております」と市の姿勢を示している。住宅地の真ん中にある小型機専用の八尾空港で軍事訓練という発想自体が狂っているが、八尾市となんの関係もない大阪市長の橋下が言い出す話でもない。八尾市民が激怒したのも当然だった。

「大阪都構想」で菅が維新を援護射撃

菅は「大阪都構想」と称する大阪市解体をめぐる住民投票にも深くかかわっている。官邸は維新を応援するため、都構想に反対していた大阪府連に嫌がらせを繰り返した。二〇一五年の一回目の投票をめぐり、自民、民主、共産各党の議員が合同で反対の意思を示す街頭演説をすると、菅は「個人的には全く理解できない」「二重行政の解消はどこの都市でも当然のこと。（二重行政解消のための）いろいろな案が出ており、都構想もその一つだ」と不快感を露《あら》わにした。

維新を擁護するために自分の党の議員に後ろから矢を放ったわけだ。

都構想否決という結果には、「二重行政の解消と無駄をなくすことは必要だと言ってきた」と発言、橋下の引退表明については「橋下徹という政治家らしい会見だった」と持ち上げ、雑誌ではこうも答えている。

「私自身も総務副大臣時代から横浜市のほうが大阪市より人口が百万人も多いのに、逆に大阪市の職員が二万人も多かったので、大阪の職員は多すぎる、改革は必要だと問題にしてきました。その意味でも、大阪都構想の住民投票否決には感慨深いものがありました」（『ＳＡＰＩＯ』二〇一五年一〇月号）

二〇二〇年の二度目の投票の際も、大阪府連が反対する「都構想」に菅は賛成しにくい立場だったが、九月の党総裁選期間中に出演したテレビ番組で、「都構想を自民党の座長としてまとめ、国会で賛成した。私は大阪は、すごく問題があると思っていた」と発言するなど援護射撃を続けた。

当時について、橋下は二〇二〇年九月にフジテレビ『直撃ＬＩＶＥ　グッディ！』に出演し、二〇二五年の大阪・関西万博に向けて万博相を新設し、東京二五区選出の井上信治を初入閣させた人事について次のように発言。

「菅さんは大阪の自民党に対して厳しく当たりましたね」

「本来だったら大阪にいる自民党の国会議員を任命するのが普通なんですよ。大阪都構想という僕が掲げていた改革の旗頭だったところを大阪の自民党は反対していたんですね。で、菅さんは僕らを応援してくれていたわけですよ」

「大阪の自民党が共産党とまで手を組んで大阪都構想に反対するのはおかしい、ということは菅さん、ずっと言っててですね。大阪の自民党、おかしいんじゃないかって言ってたら本当に万博の担当大臣、大阪の自民党を外しちゃう。菅さんらしいですよね」（「スポニチアネックス」二〇二〇年九月一七日）

さすがにキャスターがあきれて「これって維新への配慮とか、いろいろ言われてますけど」と突っ込むと、橋下は「菅さんというのは人間関係を大切にする人で、松井一郎大阪市長との人間関係を本当に大切にして、ここはある意味でね、大阪の自民党を外したというのは、まぁ菅さんらしいなと思いますね。こういう人事をやる人ですね、菅さ

んは」と言い放った。(同前)

いかがわしい連中の背後にいた二人

先にも少し触れたが、菅は竹中とベタベタの関係だった。

竹中は第三次小泉政権下の二〇〇五年一〇月に総務大臣に就任。翌一一月に菅が副大臣になった。

竹中は菅についてこう語っている。

「小泉内閣時代、たたかれていた私を応援してくださる五～六人の政治家の会があり、菅さんはそこにいた。副大臣の座は、総務相の私の指名ではなく、首相官邸から『菅さんでどうですか』と聞かれて、『大歓迎です』と申し上げた」(『サンデー毎日』二〇二〇年一〇月四日号)

菅は総理に就任後、成長戦略会議の有識者委員に竹中を入れている。

ちなみに、このときのメンバーには、自称国際政治学者の三浦瑠麗や、中小企業の再編やホテルの新設を菅に吹き込んだ元ゴールドマン・サックスのデービッド・アトキンソンらも選ばれている。

こうして小泉政権を経て、ウォール街で「もはや国境や国籍にこだわる時代は過ぎました」と放言するような男が総理大臣になったり、竹中や菅が背後にいる維新が躍進する時代がやってきた。

自民党からは保守派が駆逐され、いかがわしい連中が権力の中枢に食い込んだ。その背後にいたのが竹中であり、菅だった。

第四章　日常的な不祥事

不祥事の見本市

不正受給、公然わいせつ、児童買春、飲酒ひき逃げ、パワハラ、ストーカー、署名偽造、脅迫、殺人未遂……。犯罪のデパート、不祥事の見本市、それが維新である。

二〇一二年一月、堺市議の西井勝が、飲酒運転でバイクと接触事故を起こし、そのまま逃亡し逮捕された。逃げ足だけは速いのが維新イズムである。

維新に所属する政治家の多くはロクでもないが、そもそも組織そのものが完全に腐っている。無知な人間に向けて組織的にデマを流す。

嘘をついても構わない、バレなければ法を犯してもOK、徹底的にグレーゾーンを利用する。社会のルールを守れない犯罪予備軍の組織になってしまっている。

あまりに多い不祥事の発覚に、日本維新の会は二〇二三年五月一四日、一五日、四月の統一地方選で当選した新人を対象に研修会を開催した。

この席で代表の馬場伸幸は「社会人としてあたり前のルールやマナーを徹底してほしい」と発言したが、コントかよ。「社会人としてあたり前のルールやマナー」が完全に欠如しているのが馬場である。

繰り返す選挙違反

維新の会には犯罪者が多い。

二〇一二年の衆院選直後には、各地の維新の会の事務所に警察が踏み込み、関係者を続々と逮捕した。

同年一二月一八日、京都一区で落選した田坂幾太の運動員を公職選挙法違反（買収）容疑で逮捕。

同二〇日には、大阪七区で落選し比例復活した上西小百合の運動員を同容疑で逮捕。『週刊文春』（二〇一三年一月三・一〇日号）によれば、上西陣営では腕章をしていない人がビラ配りをしたり、選挙カーを四台走らせる（小選挙区では選挙カーは最大二台しか走らせることはできない）など堂々と選挙違反を繰り返していたという。

二一日には、愛媛四区で落選し比例復活した桜内文城の運動員を逮捕。

二二日には、大阪九区で当選した足立康史の運動員三人を逮捕。

公職選挙法は当時、公示後のツイッターによる選挙運動を候補者かどうかにかかわらず禁じていたが、これに対し橋下は「バカみたいなルール」と発言。

衆院選の公示日に、日本未来の党の原発政策をツイッターで繰り返し批判した。さらに同日の街頭演説では「自民や民主はCMをどんどん流す。僕らにはカネがないから、宣伝方法は僕のせこいツイッターのみですよ」と確信犯であることを公言している。その後の街頭演説では、この件に関して「もしかしたら選挙後に逮捕されるかもしれない。そのときは助けてください」と呼び掛けている。

法を犯した人間をなぜ国民が助けなければならないのか?

松井は選挙後にツイッターで「結果が出ました。国民の皆様、お世話になりました。感謝」と、公職選挙法で禁止されている有権者に対するお礼の文章を掲載した。

トップからしてこのざまなのだから話にならない。

署名偽造事件

二〇二一年五月、日本維新の会衆議院愛知五区前支部長で、衆院選に維新から出馬予定だった田中孝博が地方自治法違反の疑いで逮捕される。大村秀章・愛知県知事へのリコール運動をめぐり、組織的に大量の署名を偽造したとみられる。

その際の吉村の手のひら返しもすごかった。田中が逮捕されると、吉村は「厳正に処罰されるべきだ」と発言。「党として関与しているものではない」とも言っていたが、次の衆院選候補予定者だった田中が実行犯で、副代表の吉村は全力で支持していたのだから、そんな言い訳が通用するはずもない。

田中は佐賀市で署名簿の偽造作業が始まったとされる二〇二〇年一〇月下旬に「佐賀でのことは高須（克弥・リコールの会会長）さんも知っている」と周囲に話していた。これまで高須から運動団体に一二〇〇万円の貸し付けと一五〇〇万円の寄付があったことが判明しているが、さらには高須の女性秘書が押印のない署名簿に自身の指印を押し、署名偽造に加わっていた。県警は名古屋市内の高須の関係会社を家宅捜索（二〇二一年五月二四日）。高須は「彼（田中）が総指揮を執るように僕が全権委任したので、結局僕が命令したのと同じ」「最終的な責任は全て僕にあるので全ての責任を取ります」などと言ってきたが、一方で不正は「全く知らない」とごまかした。

高須は過去に脱税事件やナチス礼賛で物議をかもしたいかがわしい人物だが、彼を「先生」と呼び、心酔しているのが吉村である。リコール運動に誘われた際は、「リコールは簡単にはいかないと思いますが、応援してます、なう」とツイート。

高須の顔写真がプリントされた枕を抱きしめて恍惚の表情を浮かべる姿もツイートしている。貢物も欠かさない。カレーパン、「先生の好きな今治タオル」、ペアの部屋着……。

巨大リコール詐欺に声援を送り続けたのが吉村だった。

「こんなに愛してるのに」セクハラ事件

大阪府議団代表の笹川理府議を巡り、二〇二三年五月一八日発売の『週刊文春』が、大阪維新の会の宮脇希・大阪市議へのパワハラ疑惑を報道した。

笹川は二〇一五年九月二二日の東大阪市議選の手伝いに行った帰り道に、自分の車に同乗せずに別の男性議員と二人で帰宅した宮脇に激怒。ＬＩＮＥをとおして「ふざけんなや」などの威圧的なメッセージを送っていたという。ほかにも、宮脇の事務所前に車を停めて待ち伏せしたり、深夜に宮脇の自宅を訪れてインターフォンを押したりもしていた。

被害者の宮脇は取材に対し、一連の報道内容は「基本的には事実」と回答。笹川から性的関係を強要されたとの認識を示した。

笹川は党から厳重注意処分を受けたが、府議団代表のポストについて続投の意向を示す。一方的な恋愛感情に基づくストーカー行為というのは「事実ではない」と否定した。『週刊文春』の取材に対しても、宮脇へ好意を伝えたことはないと明言した。しかし、二〇二三年五月二二日付で府議団代表を辞任した。

その直後、ＬＩＮＥに残っていた文章が報じられた。

「こんなにも愛してるって言ったこた（原文ママ）はほんとにいままでない」
「心の底から愛しているって言える相手やから」
「だれよりも希のそばにいたい」
「心の底から愛しているって言える相手やから」
「おれだって、一方的な想いだけじゃ、壊れちゃうよ」

宮脇は周囲に相談し、危険を感じて引っ越しもしていたという。

笹川はこれら過去のメッセージについて、「探したが残っておらず記憶にない」と説明。「否定する記憶も証拠もない」と言い出した。

笹川は二〇二三年五月二九日、大阪維新の会に離党届を提出したが、六月三日、大阪維新の会は綱紀委員会を開き、笹川からの離党届は受理せず、除名処分にする方針を決定した。

「死んだのはハンガーストライキ」事件

名古屋出入国在留管理局で、スリランカ人のウィシュマ・サンダマリさんが二〇二一年三月六日、施設に収容中、体調不良を訴えて死亡するという事件が起きた。

これに対し、維新の梅村みずほは参院法務委員会で「ハンガーストライキかもしれない」と根拠のないことを言い出した。

発端は入管難民法改正案を審議する二〇二三年五月一二日の参院本会議の場だった。

ここで梅村は「よかれと思った支援者の一言が、皮肉にも、ウィシュマさんに『病気になれば仮釈放してもらえる』という淡い期待を抱かせ、医師から詐病の可能性を指摘される状況へつながった恐れも否定できません」「支援者の助言は、かえって収容者にとって見なければよかった夢、すがってはいけない『わら』になる可能性もあります」などと発言。

「事実と異なる発言で遺族を傷つけた」などと批判の声が各方面からあがる中、ウィシュマさんの遺族代理人弁護士は梅村に質問状を提出。発言の根拠をただした。

梅村は五月一六日の法務委員会の場でこれに回答。謝罪するのかと思いきや、「（出入国在留管理庁の調査報告書に記載があったという）事実はありません。しかし、可能性は否定できません」と開き直り、「ハンガーストライキによる体調不良で亡くなったかもしれない」と妄言を続けた。

結局、維新は五月二六日、梅村を党員資格停止六カ月の処分にしたと発表。処分理由について「直接的な処分理由は発言内容ではない。指示を聞かず、勝手な判断で質疑に立った。ガバナンスを逸脱した行為」（藤田文武幹事長）と会見で説明しており、発言の内容については処分の理由としていない。

さらに「論理構成の未熟さ、感情のセルフコントロールの未熟さからあまりよろしくない質疑になってしまったことについては本人も反省している」と梅村をかばう始末。その後、梅村は「デマではない。根拠はある」などと言い続けており、発言も撤回はしていない。

車でひいて殴る蹴る――殺人未遂事件

維新に関しては、政治家が犯罪に手を染めているのではなくて、犯罪者が政治に手を染めていると言ったほうが適切かもしれない。先の梅村みずほの公設第一秘書で維新府議の横倉廉幸の娘婿・成松圭太は殺人未遂容疑で逮捕されている（その後不起訴）。

以下は二〇二一年四月二六日配信の共同通信の記事である。

「知人の男性を乗用車ではねるなどして殺害しようとしたとして、大阪府警堺署は二五日、殺人未遂の疑いで、国会議員秘書の成松圭太容疑者（三一）＝大阪市天王寺区＝を逮捕した。大阪府警は二六日、成松容疑者を送検した。日本維新の会の梅村みずほ参院議員によると、成松容疑者は梅村氏の公設秘書で『ぶつけたことに間違いないが、殺意はなかった』と一部否認している。

逮捕容疑は二五日午前二時四五分ごろ、堺市堺区の路上で男性（三一）に自身が運転する乗用車を衝突させるなどして殺害しようとした疑い。男性は頭や脚に軽いけがという。成松容疑者は大阪維新の会の横倉廉幸府議の娘の夫」

別の報道では、成松は酒の席で口論になった知人男性を車でひき、ボンネットにのせたまま走り、男性が落下すると車から降り、殴る蹴るの暴行を加えたとのこと。この殺人未遂で逮捕された男を党本部職員として採用したのが維新である。

最年少市議による児童買春および児ポ事件

児童買春・ポルノ禁止法違反（買春）の容疑で、二〇一七年六月二六日に逮捕されたのは千葉県市川市議の三浦一成だ。

女子中学生に自宅で現金三万円を渡してわいせつな行為をしたという。本人は「覚えてないのでわかりません」と容疑を否認したとのこと。

三浦は二六歳だった二〇一五年の市議選で維新の公認候補として出馬し県内最年少市議として初当選。会派「維新の党・花の会」に所属し（後に自民党会派）、逮捕当時は総務委員会の副委員長を務めていた。

警視庁少年育成課が三浦宅の捜索を行ったところ、パソコンなどから児童ポルノとみられる画像および動画が一万点以上も発見された。

これにより、一部が児童ポルノと確認されたとして同法の所持容疑でも逮捕されている。

その後、もともとロクでもない人間であったことが次々と判明。

産経新聞（二〇一七年七月一一日）は次のように報じている。

「（三浦の学生時代をよく知るという）この男性によると、三浦市議はクラブやインターネット上で、一〇代後半くらいの女の子のナンパに励んでいたという。『女性は一〇人や二〇人はくだらない』と男性は話す。

動画投稿サイト『ニコニコ動画』に生放送で動画を配信する『生主（なまぬし）』として、ふざけた動画を多く配信していた。

『ファイト一発』というタイトルの動画では、ＪＲの電車で、閉まる寸前のドアを両手で無理やり開き、発車を遅らせた。

当時は、コンビニエンスストアの冷蔵庫に寝転んだ画像をブログにアップするなどの投稿が社会的に批判を浴びていた時期に重なる。三浦市議も、この種の衝動に駆られていたのだろうか。

知人によれば、二三年の東日本大震災直後、携帯電話の着信音を緊急地震速報の警報音に設定し、電車内で鳴らしては乗客を怖がらせることもしていた。また、都内の無人の交番に無断で立ち入り、デスクに座ってポーズを取ったこともある。ＪＲ千葉駅の改札を自転車で突破する動画も投稿した」

要するに回転ずしでしょうゆ差しを舐める動画をＳＮＳに投稿して大炎上した少年とレベルは同じ。

逮捕後、勾留請求が却下され釈放された三浦は議会関係者から辞職を促されるもこれを拒否。一方で体調不良などを理由に議会は欠席を続けたため、家に引き籠ったまま期末手当一五〇万三九六〇円が支払われた。さらに毎月の議員報酬六〇万四〇〇〇円も継続して払われる流れとなった。

市民の批判を受け、同市議会は二〇一七年七月二五日、議員報酬等差し止めに関する新しい条例案と、三浦に対する議員辞職勧告決議案を賛成多数で可決した。

九月に入り懲罰特別委員会を開いて本人に二度招集をかけたが、三浦は連絡なく無断欠席。結果、二九日の本会議で賛成多数で除名の懲罰が決定され、これをもって三浦はようやく議員を失職した。

「年金未払いと国会ディナーショー宣伝」事件

二〇二二年七月の参院選比例区で初当選した歌手の中条きよしが、七五〇万円にのぼる年金未納の疑いがあることを『文春オンライン』が報じた（二〇二三年一月一八日）。未納期間は数十年に及ぶとのこと。

報道を巡り中条は、国会内で記者団に対し、「事実関係を確認して幹事長に報告する。うそはつかない。逃げも隠れもしない」と答えたという。

文春の記事によれば、二〇二二年の選挙の当選後、中条の事務所に日本年金機構の職員が「未納分を払うよう」連絡をするも、支払いがなされなかったという。

また、保険料を支払っても年金の満額が年七七万七八〇〇円であることから、中条が年金機構の職員に対して「年金なんていらない。払わない」と対応したとの関係者証言も掲載されている。

それが事実なら、社会保障の仕組みを国会議員として否定したともいえる。

維新が最終的な調査報告をしたのが、約二カ月も経った二〇二三年三月一〇日。確認できた年金の納付期間は五四カ月分で、それ以外の期間は未納であることが判明。未納額は推計で三一三万円であるという。

「逃げも隠れもしない」と言っていた中条だが、本人はその場に姿を見せなかった。

幹事長の藤田は「政治家は社会の責務を果たすことをお願いする立場であり、襟を正していきたい」とコメントしたが、党としての処分は一切なし。

中条は二〇二二年一一月一五日の参院文教科学委員会での質疑で、「私の新曲が九月七日に出ている。昭和の匂いのする『カサブランカ浪漫』という曲だ。お聴きになりたい方はぜひお買い上げください」「一二月二八日に芸能界最後のラストディナーショーをやります」と発言し、与野党から「宣伝ではないか」「不謹慎だ」と批判されたこともあった。

自称ネットアイドルのわいせつ写真販売事件

ツイッター上で上半身は胸を手で隠した〝手ブラ〟、下半身はパンツ一枚になった写真をアップして、「なんかあれば過激では無いお写真なら交渉でＤＭ販売しますよーん」と投稿し、希望者に販売していた女が、埼玉県上尾市議の佐藤恵理子だ。

佐藤はもともとネット配信などで糊口をしのいできた自称ネットアイドルで、二〇一九年一一月に写真集『グラビア界をぶっ壊す！』（講談社）を出版した後、上尾市議選に旧「ＮＨＫから国民を守る党」から出馬。初当選を果たしている。その後、維新へ。

『文春オンライン』（二〇二三年七月一九日）は、佐藤に質問。

――〈(元えぴぴらふ) 天使ちゃん〉のアカウントで写真の投稿、販売を?

「あ〜、ファンから『売ってほしい』って希望を頂き、『いいかな』と思ったんです。私、表現の自由賛同派なんで、自分らしく生きる意味でいいのかなって。でも今、党に(販売の)活動を止められちゃいました」

――どれくらい稼いだ?

「そんなに高く売ってないですね、全然ですよ。数枚を一〇〇〇円からとかです。党に止められたので、実際売れたのは三人くらいですから。(合計)数千円とか」

――維新もこうした活動は知っていたのでは?

「維新は全部把握してなかったと思うので。N党は自由だったので。基本的に問題ないことならやっていいってことだったんですけど。やっぱりこの大きな党に所属させて頂いたので、ちょっと行動を慎まなきゃいけないかな〜と思いました」

その後、佐藤は次のように謝罪。

「先に謝罪しておきます。自分の個人の活動にて露出高めの写真を販売したり、グラビアを出したり一昨年くらいにも露出高めな格好で格闘技に出演したり水着やドレスを着て配信等を行なっておりました。露出については様々なご意見があり今後は慎むべきなのかもしれません」

「選挙応援してやるから一〇〇〇万円持ってこい」事件

国政選挙で支援する代わりに、その候補者に一〇〇〇万円を用意するよう求めた維新の国会議員がいた。金銭を要求したのは、富山維新の会の代表も務めていた衆院議員の吉田豊史。

富山県議を経て二〇一四年の衆院選で初当選し、二〇二一年の衆院選で富山一区で落選したが、比例で復活していた。

報道によると、二〇二二年の参院選の比例区に出馬した元富山市議の上野蛍に対し、応援演説などをして支援する代わりに、一〇〇〇万円を要求したという。

しかも、政治資金収支報告書に記載しない形でとの条件つきだ。

上野はこれを拒否したが、その際の会話を録音。情報を得た党は上野と吉田から個別に聞き取りを行い、上野から提出された録音データも検証した結果、吉田に離党勧告が下った。

吉田はしおらしく謝るのかと思いきや、「一〇〇〇万円は出馬への覚悟と準備を示すために必要な資金だった」「『(カネを)持っています』という確認の言葉がほしかっただけだ」と意味不明な説明を繰り返した。

ちなみに、維新は参院選の富山選挙区で新人の別の候補も擁立したが、吉田はそちらには金銭を要求していなかった。なぜ上野にだけ要求したかについて問われると、「上野さんとはつき合いが短く、候補としてふさわしいか確認する必要があった」と説明。意味不明。

さらに「着服の意図は一〇〇%ない」と言い出し、議員辞職を否定。党の決定には「経緯はおかしなところがある。徹底的に抗弁して名誉を回復したい」と開き直った。

維新の党規約では、処分から七日以内であれば異議申し立てが可能だが、離党勧告処分が確定しても離党しない場合は、処分から一〇日後に除名ということになっている。結局、吉田は除名になった。

港区議による公然わいせつ事件

二〇二二年七月、元維新の東京都港区議赤坂大輔が、千葉県市川市の公園で女子中学生二人に近づき、「水着の写真は三〇〇〇円」「胸ワンタッチで一〇〇〇円」などと卑わいな言動をしたとして、千葉県迷惑防止条例違反（卑わいな言動）容疑で逮捕された。千葉区検察庁は九月一四日、簡易裁判所に略式起訴。簡裁は同日付で罰金三〇万円の略式命令を出している。

逮捕は三回目。

二〇〇七年に港区議選で初当選（当時は自民党会派）。二〇一六年八月、タクシー運転手に暴行をはたらいて一回目の逮捕。二〇二〇年八月、女子高生三人に下半身を露出して二回目の逮捕（維新が除名処分）、同年八月、新会派「虚偽報道に負けない会」を立ち上げ。辞職せず。そして先述した三回目の逮捕である。

二回目の逮捕、すなわち神奈川県川崎市のカラオケ店の駐車場で女子高生三人に「いいバイトしない?」と近づいて下半身を露出し、公然わいせつの疑いで現行犯逮捕され、一五万円の罰金刑をくらった後に、赤坂が自身のホームページにアップした釈明文もすごい。

「事件当時私は酔っており、最高にハイな状態で、女性と踊りつつ裸同然で戯れていた状態でした(中略)脱いだ衣服で隠すところは隠していたつもりでしたがそれが右手なのか左手なのか隠していたのか隠していないのかそもそもこだわっておりません。『いいバイトしないか』という発言をしましたが、話しかけた相手と意図が違います」(原文ママ)

ここで「右手」とか「左手」と言っているのは、当時の報道で赤坂が「右手で性器を隠して、左手でズボンを下ろしていたので、見せていません!」と弁明したと記事になっていたことと関連すると思われる。この逮捕がなければ、二〇二一年の衆院選に、維新の公認で国政に出馬する予定だった。

二〇二二年一一月二五日、港区議会で、過去の性犯罪について追及されると、赤坂は次のように発言。

「こんなこと言いたくないですけれども、（私は）熟女好きで知られていまして、若い子を対象とすることを好んでないということは、私の知り合いはみんな知っていることで、高校生の時分には、同じ高校生の彼女のお母さんを好きになって、そういうこともあった。私が人生で一番迷惑をかけている女房、女房も私の不倫で大変騒ぎになりましたけれども、そのときの不倫相手が大変な実年齢の高さに、女房は絶句していたと、それぐらいに、私の初めての年下の彼女は、四つ下のうちの女房です」

完全にイカれている。

女子中学生を〝脅迫〟した府議事件

二〇二二年九月四日、大阪府交野《かたの》市長選で、新人で無所属の山本景が初当選した。山本は二〇一一年、大阪維新の会公認で大阪府議会議員選挙に立候補して初当選。二〇一五年の選挙で落選するまで府議を務めた。

府議時の報道によると、山本は地元の祭りで知り合った女子中学生数人に名刺を配り、名刺に記載されていたLINEの連絡先にアクセスしてきた生徒らとグループLINEを作成。また、「お茶会」なる謎の会を催し、下校途中の中学生を自分の事務所内に招き入れては、たこ焼きやお菓子などを提供し、女子生徒の顔が写り込んだ画像を自身のブログに掲載したりしていた。

ブログには「山本けいたん応援隊」が結成された旨も書かれていた（現在は削除）。

お茶会に誘ったが誰からも返信がなく、気づけば自分がLINEのグループから退会させられていた。山本は、中学生たちに「身元を特定されているのを分かっているのか」「絶対に許さない」「ただでは済まさない」「校長に連絡する」などとメッセージを送り、恐怖を覚えた生徒が担任に相談。交野市教育委員会が山本に抗議をしたことで事件が明るみに出た。

もっとも、「お茶会」については「保護者が心配するので控えるよう」と市教委から大阪府議団に対しクレームが届いていたので、発覚は時間の問題だったとみられる。

市教委は弁護士に相談し、山本のメッセージが法的には脅迫罪にあたる可能性もあると確認したうえで、文書で抗議したが、山本は受け取りを拒否。その後、府議団から注意をされて渋々受け取っている。

さらに山本は「生徒が侮辱的なメッセージを送ってきたから怒っただけ。正当な行為だ。『許さない』とは送ったが『ただでは済まさない』とは送っていない」と主張した。

山本は中学生だけでなく、女子小学生にも声をかけていた。

二〇一二年二月にアップされた「下校途中の小学生とのやり取り」と題したブログ（現在は削除）では、女子小学生七人から好きな女性のタイプを聞かれたり、自分のことをどう思うかなどを聞かれ、照れている山本の様子が書かれている。

同ブログによると「私は、なぜか、小中高生、特に小中高生の女の子になぜか人気が

2012年2月の山本景のブログ（現在は削除）

下校途中の小学生とのやり取り

2012-02-24 20:24:20
テーマ：大阪府議会議員

本日、天野が原町で挨拶まわりをしていると、交野市立、岩船小学校の女の子達と次のようなおもしろいやり取りがありましたので報告します。
小学生A「山本けいって31歳でしょ？」
山本「そう」
小学生B「すきな女性のタイプは？」
山本「難しいな・・・かわいい子かな」
小学生B「私ってかわいい？」
山本「・・・うん」
小学生A、B、C、D、E、F、G「キャ～」
小学生C「山本けいサインちょうだ～い」
山本「名刺ないから、パンフレットにサインするから、親にも見せといてね。」
（女の子全員にサインする）
小学生D「明日学校ないな～」
小学生E「月曜日に学校に持って行って、みんなに自慢しよ。」
小学生F「名刺は持ってる人多いけど、パンフレットは誰も持ってないから自慢できるで」
山本「ところで、大阪府議会議員って知ってる？」
小学生G「何それ？」
山本「じゃあ、議員は？」
小学生H「知らんで」
山本「・・・」
私は、なぜか、小中高生、特に小中高生の女の子になぜか人気があります。しかし、私の職業について、知ってる小学生はほぼいません。結局、私は何と思われているか、未だによくわかりません。

あります」とのこと。記者会見でこのブログを削除した理由について聞かれると、「書いている内容には何ら問題はないんですけども、報道を受けて誤解を招く可能性があると思いました。ただ、やましいとか、もしくは法的に問題があるといったものではありません」と説明。

府議団は山本に対し、いったんは除団（除名に相当）処分としたが、山本が不服を申し立てたため処分を保留。その後、当時の大阪維新の会幹事長だった松井一郎が「法律を犯していないし、維新の方針に反したわけでもなく、クビ（＝除団）にする事例ではない」として除団は見送り、離団を命令した。

法的に問題がなければ何をやっても許されるというのが維新スピリッツである。

「あの手、この手の不透明な政治資金管理」事件

ひたすらカネに汚いのが、維新の特徴である。

「身を切る改革」を掲げて国民の身を切り、自分たちは肥え太る。政党助成法の抜け道を利用して政党交付金を基金としてため込んだり、企業・団体献金の禁止を掲げながらパーティー券を売りまくったり。あげていけばキリがない。

これまでの維新の所属議員による金銭関係の不祥事を振り返ると、形態は多種多様である。

大阪市議だった飯田哲史は、支援者の親族から選挙事務所を借り、その賃借料の九割を政務調査費で支払いながら、支援者から「政治献金」という形でキックバックを受けていた。なお、飯田は今も日本維新の会参院比例区支部長という役職に就いている。

元テレビレポーターで「美しすぎる堺市議」などとマスコミに持ち上げられた堺市議の小林由佳は、印刷も配布もされていないビラの印刷代金を政務活動費に計上し、数年かけて不正に受給していた。

発覚したきっかけは二〇一五年の住民監査請求。大阪維新の会は小林に党員資格停止三カ月の処分を下すも除名はしない判断を下した。

一方、堺市は詐欺罪および虚偽有印公文書作成と虚偽有印公文書行使にあたるとし、大阪府警に刑事告訴。また、政活費についても四年分の約一〇四〇万円の返還を要求した。

小林は約四〇五万円だけ返還し、残りは「支出の実態がある」と主張したが、この前年にも政活費をめぐる住民監査請求で、人件費約二四七万円の返還勧告を受けていた。

要するに、札付きである。

堺市は残り約六三四万円の返還を求めて大阪地裁に提訴。二〇一八年に同地裁が市の請求を全面的に認め、小林は遅延損害金を合わせた約七九六万円を納付することとなった。

その間、小林は議会から辞職勧告を受けるも拒否し、住民からリコール運動を起こされたりしながら、二年半にわたり議員の椅子にしがみついた。

二〇一七年四月に維新を離党、二〇一八年三月にようやく辞職した。刑事告訴は不起訴となっている。

保険金詐欺事件

二〇一六年一〇月、自身が実質的に経営していた整骨院で療養費を騙し取ったとして、大阪府池田市議の羽田達也が大阪府警に逮捕された。

羽田は二〇一五年四月二六日の池田市議選に維新公認で出馬して当選していた。

報道によれば、この整骨院は羽田が二〇一〇年三月に創業したものだが、市議選に当選した翌月に代表を退任し、別の人物に引き継いでいた。

まずはこの人物が逮捕され、その筋から創業者の羽田へ捜査が迫った。

水面下で捜査が進んでいることを知った羽田は、維新を離党。記者に対しては「自分は指示していない」「誰かが情報をまいて私を潰そうとしている。私が不正をした事実はない」と関与を否定。さらに「不正は今の代表がやったのではないか」と、すでに逮捕されていた男に罪をなすりつけようとした。

しかし、実際は羽田が不正を主導し、創業時の二〇一〇年から約六年かけ、通院日数の水増しなどで療養費約六〇〇〇万円を騙し取っていたことが判明、逮捕に至った。

二〇一八年二月二三日、大阪地裁は「不正の仕組みを確立し、従業員にやり方を教えるなど主導的な役割を果たした」「療養費制度の根幹を揺るがすもので非常に悪質な手口で実刑は避けられない」として、懲役二年一〇カ月の実刑判決を下した。

要するに、詐欺師に維新が公認を与えていたという話。

ひたすらカネに汚い連中

公職選挙法違反といえば、他党を圧倒するのが維新の会。二〇二一年一一月、衆院兵庫四区から出馬し比例復活した赤木正幸の運動員、森宏成が公選法違反（買収約束）容疑で逮捕された。森の孫の森弐奈も同容疑で逮捕。二人は共謀し、知人ら六人に対し赤木の選挙運動を手伝う報酬を約束したとされる。

また、滋賀三区から立候補し、落選した直山仁と運動員の大学生ら一一人が同じく公選法違反容疑で逮捕。これまでも足立康史、上西小百合、桜内文城、田坂幾太、升田世喜男、石関貴史ら維新議員の運動員や元秘書らが公選法違反容疑で逮捕されてきたが、県議や市議周辺まで含めれば膨大な犯行の数になる。

衆院議員伊東信久が、消費者庁から特定商取引法違反で取引停止命令を受けたマルチ商法の集会で少なくとも三回講演し、報酬を受け取っていたことも判明。集会を開いたのは「ＩＴＥＣ　ＩＮＴＥＲＮＡＴＩＯＮＡＬ（アイテック）」で、「ＤＤＳ　マトリックスエキス」などの商品名で化粧品を販売していた。この会社は、会員の勧誘に際し、商品の製造元として著名な化粧品ブランドの工場を、共同研究先として複数の大学を挙げていたが、いずれも虚偽だった。

大分県総支部で幹事長を務めた桑原久美子は、二〇一九年の参院選で落選したが、選挙運動費用収支報告書に虚偽記載があった疑いで、大分地検に告発状が提出された。

参院議員の高木かおりは、文書通信交通滞在費（現・調査研究広報滞在費）を自らが代表を務める政治資金管理団体「福保会」に寄付をした上で、その大部分をさらに政治団体「政佳会」に寄付していたことが発覚。なお、高木はこれまでも政党交付金で借金を返済したり、人件費を二重計上したりしている。

衆院議員の足立康史は政治資金を使ってアイスや駄菓子を購入。足立の資金管理団体の二〇一九年の収支報告書には、「雪見だいふく」「白くまアイスバー」「まんまるラムネ」などが記載されていた。

兵庫県尼崎市議の光本圭佑は政務活動費で購入したパソコンなどの納品書を偽造。光本は会派の幹事長として政務活動費を実質的に管理しており、会派の政務活動費二五〇万円を、会派の同意を得ずに個人の口座に移し替えていた。

市役所駐車場私物化の中谷恭典府議、市役所に家庭用サウナを持ち込んでいた、大阪府池田市長の冨田裕樹らセコイ連中も多いが、カジノを含むＩＲ汚職事件で、中国企業から現金を受け取っていた元衆議院議員の下地幹郎とか、やりすぎにも程がある。

衆院議員杉本和巳の資金管理団体は、ほら貝の購入に約四万円、宗教法人の会費に約三万円を政治資金から支出していたことが二〇二一年に判明。事務所は「選挙の出陣式で景気づけに吹くために買った」「練習をしたがいい音が出ず実際には使えなかった」と回答したとのこと。

ほらを吹くのが専門の集団が、ほら貝を吹くことができなかったとは、これいかに。まずは、橋下、松井、吉村、馬場といったほら吹きの名手に学んではどうか。

多すぎるパワハラ・セクハラ

二〇二二年四月、兵庫県明石市市議会議員の森勝子は、維新の国会議員からパワハラを受けたと内部告発。松井一郎のツイッターアカウントに直接告発のメッセージを書き込んだ理由は「何度も政党内で被害を訴えたがまともに取り扱ってくれなかった」からだという。

性加害・性犯罪が突出して多いのも維新の特徴である。

二〇二二年六月一二日、東京・吉祥寺で日本維新の会の参院選に向けた街頭演説が行われたが、候補者の猪瀬直樹が、同じく候補者の海老沢由紀の胸などをベタベタと触りだした。この件について海老沢は「特に当たっていない」「胸にあたってもいないし、話題になったことにむしろ驚いたほど」などとツイートしていたが、動画を見れば、猪瀬は明らかに触りまくっている。要するに、セクハラを隠蔽するために、海老沢は嘘をついたわけだ。

なお、海老沢は経歴詐称疑惑や公職選挙法違反疑惑が噴出したいわくつきの人物である。公職選挙法は、被選挙権を得るための条件として「選挙区内での三カ月以上の居住」を定めているが、海老沢はこの要件を満たしていないと指摘された。なお、住民票を移しただけではダメで、居住の実態が必要になるとのこと。

一方、猪瀬は五〇〇〇万円の選挙資金借用問題が浮上し、公職選挙法違反で略式起訴され、五年間、公民権が停止された人物。

変態系も多い。週刊誌に女性の足の臭いを嗅いでいる写真を掲載された大阪市議の田辺信広。同じ場所にいた市議の井戸正利が女性の胸を触っている写真も流出したが、その弁明の言葉は素晴らしかった。「胸を触ったのは事実です。でも揉んだわけではない」

長谷川豊の差別発言事件

二〇一九年、日本維新の会が参院選の比例代表で三人の公認を発表したが、そのうちのひとりが、元フジテレビアナウンサーの長谷川豊だった（後に公認辞退）。女性差別発言を繰り返すことで悪評の高い人物である。

「女が完全にトチ狂って、本能に支配されきって、完全にくるくるパーにならないと、子どもを産もうなんて思わない」

「八割がたの女ってのは、私はほとんど『ハエ』と変わらんと思っています」

「育休とったら出世できない？　育休とったら社会に戻れない？　言い訳すんな。バカ」

「一生言ってろ！　バカ女!!!」

長谷川はイスラム教も冒涜。

「マホメットなんぞ、文献によれば、何人の女、囲ってたと思う?ほとんどハーレム状態。思いやりのある人間がそんなことする訳ないでしょうが」

「マホメット?ただの性欲の強すぎる乱暴者です」

「いま世界で起きてる戦争、ほとんどイスラム系でしょ？　一番、暴力的な人間が教祖様のところでしょ？」

こんな人間が維新の会の国会議員になっていたら、間違いなく国際問題になっていた。

社会的弱者に対する暴言もひどい。

「自業自得の人工透析患者なんて、全員実費負担にさせよ！無理だと泣くならそのまま殺せ！」

長谷川はフジテレビ時代、経費の不正使用で降格処分を受け、その後、退社。ヘイト発言を社会にまき散らし、デマを垂れ流してきた。自分は「人工透析患者を殺せ」なんて言っていないと嘘をつき、千葉県警に道路交通法違反で呼び出されていた事実を指摘されると「事実無根だ」と騒いだ。社会的弱者を誹謗中傷し、それを批判されると、表では「発言の一部を切り取られた」と騒ぎ、論点をすり替え、裏では批判者の口封じに走る。長谷川の過去の発言を報じた『サイゾー』に内容証明を送りつけたこともあったが、私が「日刊ゲンダイ」に書いた記事に関しても長谷川から恫喝があった。編集部に本人から電話がかかってきて「適菜が書いた記事をサイトから消せ。適菜の公民権が停止されることも考えられる」といった趣旨の発言を繰り返したという。反論があるなら言論でやればいい。要するに、これが維新の会の正体だ。

被差別部落をめぐっての差別発言もあった。

「士農工商の下にエタ・ヒニン、人間以下の存在がいると。でも人間以下と設定された人たちも性欲などがあります。当然、乱暴などもはたらきます」

「相手（エタ・ヒニン）はプロなんだから、犯罪の」

専門家によると、長谷川の話を裏付ける資料は見当たらないという。犯罪は身分と関係なく発生しており、江戸時代の被差別民は警察に近い役割を担っていた。要するに歴史の捏造までしているわけだ。

長谷川は問題を指摘されると逆切れ。講演の内容がネットにアップされた件について、「最近、ツイッターなどでまた新しい切り取りをさらして共産党支持者を中心とした輩たちが喜んでいるようです」「『差別だー』と言ってるそうですが、呆れ果ててます」「僕の講演会にはかつて何人もの共産党員の方々が、僕の上げ足をとるために参加してきています。（中略）そんな皆さんが全員、ぐうの音も出せずにすごすごと帰っていきます。

事実しか話さないからです」（「長谷川豊公式コラム」二〇一九年五月二一日。現在は削除）と述べていた。

ところが翌二二日、「謝罪するとともに、完全撤回させてください」と一八〇度違うことを記した。なぜか？　部落解放同盟が維新の会に抗議したからだろう。要するに、とりあえず謝っておいたほうが得と算盤を弾いただけ。

長谷川は「本当に差別的な意識はなかったんですが、とにかく無知です」と発言をごまかしたが、元アナウンサーが差別用語を知らないわけがない。そこにはドス黒い悪意しかない。

「死刑はもっと残酷に殺すべきだ」

「小学校時代から死刑執行シーンはみんなに見せた方がいい」

「出来ればネットで生中継した方がいい」

「六〇歳以上って、選挙権はく奪でいいんじゃないか？」

このような発言を繰り返してきた人物が、維新の衆院千葉一区支部長だったことを、日本国民はよく覚えておいたほうがいい。

改革の目玉・公募区長や校長も……

橋下が、市政改革の目玉とした公募による区長や民間人校長も、セクハラなど不祥事を軒並み起こしている。

東成区長だった森伸人は、女性職員と外出する際に大声で「今から昼下がりの情事に（行く）」などと発言。二〇一四年三月に更迭されている。そもそもこの男は、前年にも酒席からの帰りに酔った女性職員を介抱するため、腹や背中や腰を触ったとして、セクハラ認定されて減給一〇分の一の懲戒処分をくらっていた。

橋下の大学時代からの友人で民間人校長を経て府教育長になった中原徹は、自分の意に従わない府教育委員に「誰のおかげで教育委員でいられるのか」「罷免要求出しますよ」などとパワハラ発言を連発。二〇一五年三月に辞職した。

このとき橋下は「非常に残念ですね。辞める必要もないし」と全面的に擁護。パワハラに係る第三者委員会の調査報告があがってくると「中原氏の言い分を一切採用しておらず、（調査は）デタラメだ。中原氏に反感を持っている職員の仕業ですよ。中原氏ともめて人事異動させられた（元）次長の仕業ですよ」と陰謀論を唱え始め、世間の批判に対しては「その部分だけが切り取られてセンセーショナルに取り上げられた」とふてくされた。

市立南港緑小学校校長の千葉貴樹は、着任からわずか一カ月半後に市教育委員会に辞意を伝え、同三カ月で退職。会見では「体験を生かせる学校ではなかった」「給料が校長の中で最低」と不満をぶちまけている。

府立枚方高校の校長は、大阪市内のスーパーでチョコレートや和菓子など一四点、計二五四七円相当を万引きして逮捕され懲戒免職になった。逮捕後、「自分の思いがスムーズに反映されず悩んでいた」と話したとのこと。

そもそも橋下のような教育観を持つ人間が唱える教育現場の「改革」など、はなから期待などできるはずがない。

橋下は自著『まっとう勝負！』にこう書いている。

「国が事前に危険な奴を隔離できないなら、親が責任を持って危険な我が子を社会から隔離すればいいんだ。他人様の子どもの命を奪うほどの危険性がある奴に対しては、そいつの親が責任を持って、事前に世のなかから抹殺せよ！

苦渋の決断で我が子を殺した親に対しては、世のなかは拍手を送ってもいいだろ。国に代わって、世のなかに代わって、異常・危険分子を排除したんだからね」

二〇〇八年一〇月の府民討論会では「口で言って聞かなければ手を出さなきゃしようがないですよ」と述べている。

こんな人物が教育改革とは聞いてあきれる。

受け継がれる維新スピリッツ

二〇二三年六月五日、維新は所属議員や首長ら三四二人を対象に、外部の弁護士を招いてオンライン形式のハラスメント研修会を開催。「二四時間三六五日にわたって有権者の目は光っており、それに恥じない言動を日々行うよう注意を喚起した」という。

どの口で言っているのか？

維新そのものがハラスメントの塊ではないか。

二〇〇六年五月七日、橋下はテレビ出演した際に「阿川（佐和子）さん、僕は一回で妊娠させる自信ありますよ！」と発言。「浮気者を責める前に、『自分は性的魅力に欠けているんじゃないか』と考えてみる必要もあるね」（『まっとう勝負！』）という言葉も残している。

二〇二三年七月二六日に配信されたニュースサイト「ABEMA TIMES」の記事では、馬場伸幸が出演した『ABEMA的ニュースショー』での発言を掲載。番組内で選挙違反、セクハラ、ストーカーなどの不祥事が維新で多発していることを指摘されると、馬場は「気合を入れて、気を引き締めて、やっていかなきゃいけないところだが、だいたい『政治家になりたい』と思う人間はヘン。ヘンな人間しか政治家にならない。『よりマシなヘン』を選ぶ」と謎回答。

当選後は「維新スピリッツ」をトレーニングして研修を積み重ねることで「おかしなことをやらないように」育てる必要があるとの認識を示したというが、国会議員になった後にやるようなことではない。

そもそも、その「維新スピリッツ」が犯罪や不祥事を引き起こしているのである。

第五章　これからの維新

市民が下した判断はどうでもいい

維新の会は嘘とデマで拡大した危険な組織である。

二〇二〇年一一月一日の「大阪都構想」をめぐる住民投票否決後の会見で、松井も吉村も三度目はないと明言したが、当然、信用はできない。

案の定、吉村は「大阪維新の会として都構想の看板を下げているわけではありません」と手のひらを返したし、馬場も「大阪都構想はいま凍結している」と言っている。

実際、大阪府や市のホームページには、今も「都構想」（大阪市解体構想）の説明文が削除されることなくアップされ続けている。府および市としての大方針であることは変わらない。

一回目の住民投票直前に橋下が何を言っていたかも思い出したほうがいい。

「都構想の住民投票は一回しかやらない」

「賛成多数にならなかった場合には都構想を断念する」

「今回が大阪の問題を解決する最後のチャンスです」

「二度目の住民投票の予定はありません」

「衰退する大阪を変える最初で最後のチャンス」

「僕のことはキライでもいい。大阪がひとつになる、ラストチャンスなんです」

「大阪を変えれるのは、このワンチャンスだけ」


大阪維新の会の公式ホームページ、街頭演説、タウンミーティング、在阪民放五局の大阪維新の会のＣＭ……。ありとあらゆる場所で、橋下は「これが最後だ」と繰り返した。

退路を断ったかのように見せかけて、票を集める手口である。

橋下は否決後三カ月もしないうちに、再び「都構想」をやると言い出した。要するに大阪市民が下した判断など、どうでもいいのだ。すでに述べたように、橋下は「嘘をつかない奴は人間じゃねえよ」と著書で述べている人間である。

詐欺パネル

第一章で述べた「都構想タウンミーティング」では意図的に数値をごまかしたり、デタラメな数字を書き込んだ詐欺パネルが多用された。

詐欺パネルについては、多くの市民団体や学者らが指摘してきたが、維新はその後も確信犯的に使い続けた。

「有効求人倍率の推移」を示す【パネル①】では、グラフの目盛りに細工が施されていることがわかる。これは作成のミスなどではなく、市民を騙すという明確な意志がなければこのようにはならない。また、東京や愛知、福井など数値が高いところは掲載せず、数値が低いところだけを比較対象にすることで、大阪の有効求人倍率が突出しているように見せかけている。香川も〇・六九から一・三六に上昇しているのにそこは無視している。

【パネル②】は借金（市債残高）の推移を示したものだが、維新の市政になってから急激に借金が減ったかのようにグラフを見せている。これも大嘘だ。

パネル①

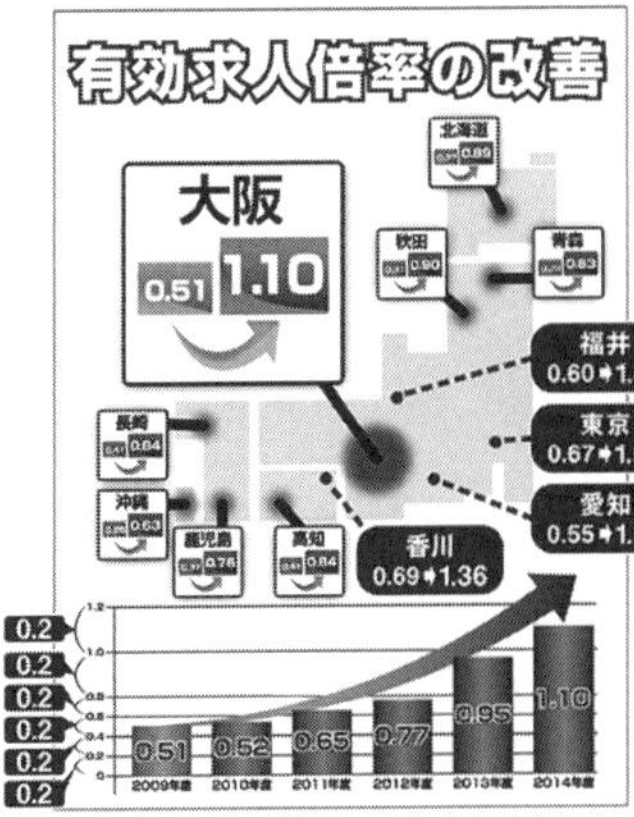

目盛りのごまかしをし、都合のいいデータだけを載せている。

パネル②

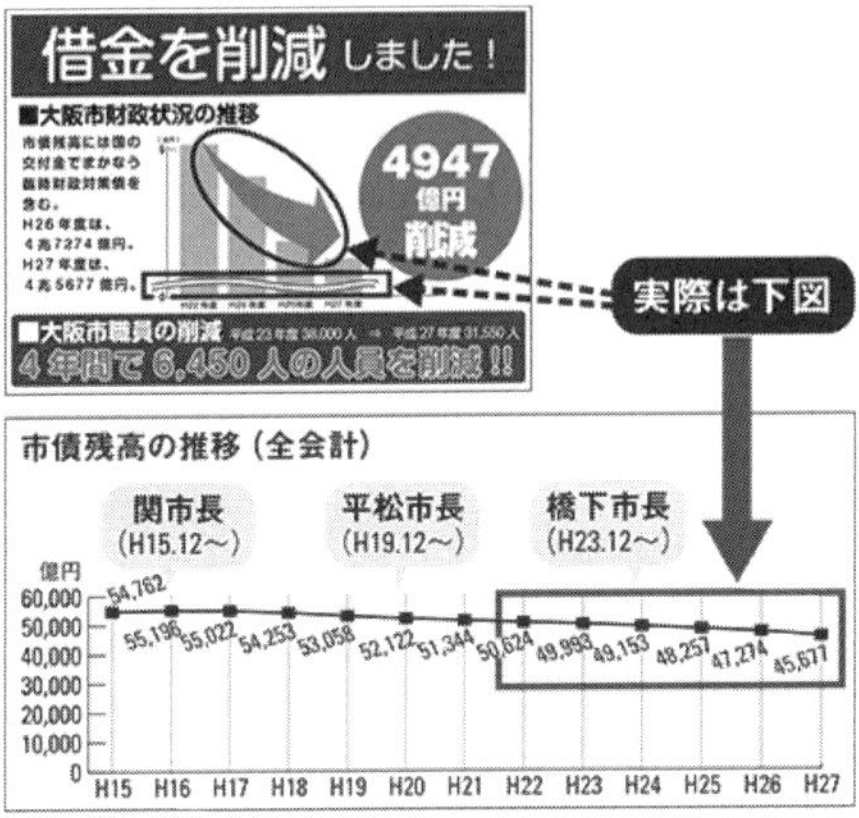

本当の推移はこちら。

前任の平松邦夫市政、さらにその前の関淳一市政のときから、借金は減り続けていたのだが、その部分はカットされている。更にグラフの下部をカットして先端を拡大することで、負債が劇的に減ったかのような錯覚を与えている。

「教育へ投資」と言いながら予算削減

二〇二三年三月二八日、吉村はツイッターで「維新以前の大阪市政、小中学校のエアコンもなければ、中学校給食もなし、子供医療費の通院助成は小学入学前まで、塾代助成なし、ないないづくめ。維新市政で酷かった財政を立て直しながら、子育て、教育へ重点投資。予算は九倍へ」と投稿。

この投稿には【パネル③】のように画像が添付されていた。これも恣意的に作成された詐欺パネルである。

そもそも、二〇一一年度の教育関連費が六七億円という数字が嘘。平松市政だった二〇一一年度のこども青少年費は一六八七億円、教育費は九八〇億二二〇〇万円である。

パネル③

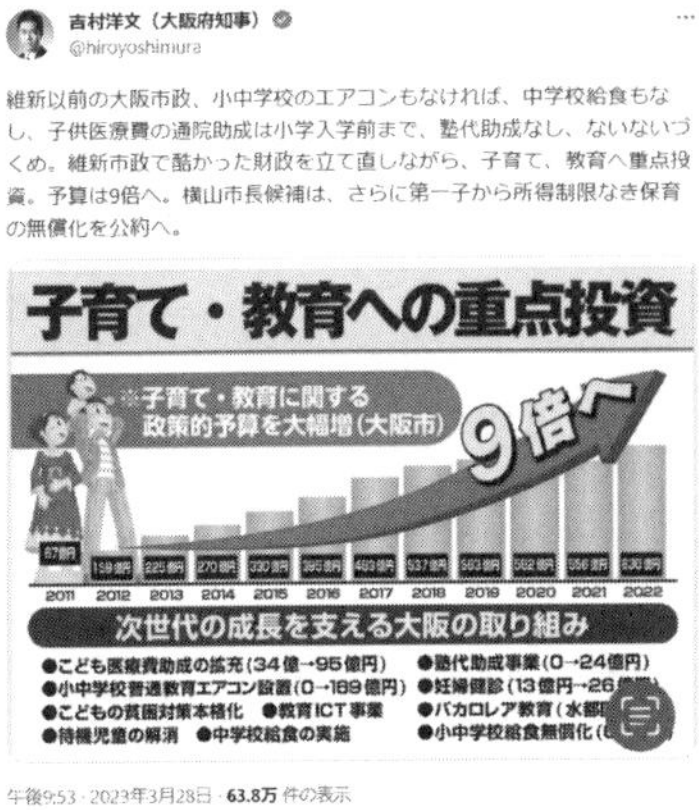
吉村洋文（大阪府知事）
@hiroyoshimura
維新以前の大阪市政、小中学校のエアコンもなければ、中学校給食もなし、子供医療費の通院助成は小学入学前まで、塾代助成なし、ないないづくめ。維新市政で酷かった財政を立て直しながら、子育て、教育へ重点投資。予算は9倍へ。横山市長候補は、さらに第一子から所得制限なき保育の無償化を公約へ。
子育て・教育への重点投資
※子育て・教育に関する
政策的予算を大幅増（大阪市）
9倍へ
97億円
159億円
225億円
270億円
330億円
395億円
493億円
537億円
563億円
562億円
556億円
2011
2012
2013
2014
2015
2016
2017
2018
2019
2020
2021
2022
次世代の成長を支える大阪の取り組み
●こども医療費助成の拡充（34億→95億円）
●小中学校普通教育エアコン設置（0→189億円）
●こどもの貧困対策本格化
●教育ICT事業
●待機児童の解消
●中学校給食の実施
●塾代助成事業（0→24億円）
●妊婦健診（13億円→26
●バカロレア教育（水都
●小中学校給食無償化（
午後9:53 · 2023年3月28日 · 63.8万 件の表示

二〇一四年度の橋下市政では、こども青少年費が一七一三億一九〇〇万円、教育費が八四五億五六〇〇万円。つまり、橋下は一〇八億四七〇〇万円も予算を削っているのである。

維新のパネルは「塾代助成」などを恣意的に取り出して作成したものにすぎない。維新は同じような詐欺パネルを焼き直し、繰り返し使い続けている。（【パネル④】）

これが維新の会の本質だ。

選挙や住民投票の直前になると大量の嘘やデマ、プロパガンダを流し、間違いを指摘されても無視、その後は完全にしらばくれる。

パネル④

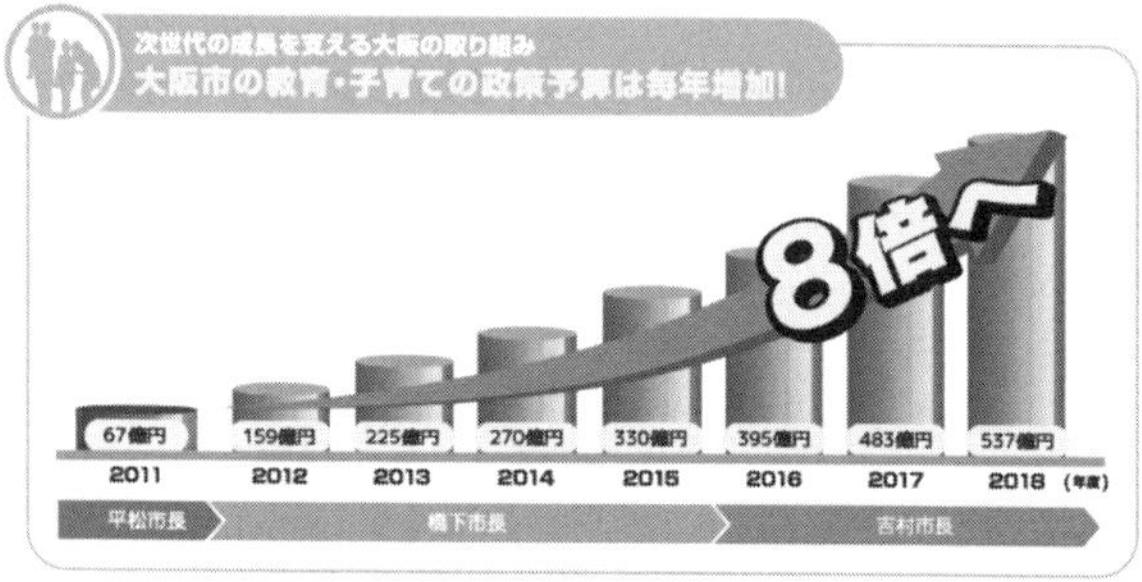

第二章で述べたとおり、大阪府は府民が通う府内の私立高校の授業料について、所得制限を設けず無償化する方針を表明。在阪メディアの偏向報道に洗脳されている人たちは、「維新の改革はすばらしい」となってしまうのだろうが、大阪の教育問題を真剣に考えてきた人たちは、開いた口が塞がらないだろう。なにしろ、維新はこれまで一貫して大阪府の私立高校を「完全無償化」したとデマを流してきたからだ。現状は所得制限があり、入学金なども必要だが、維新に所属するデマゴーグたちは、口裏を合わせたかのように世の中を欺いてきた。サルでもわかる話だが、「完全無償化」されているなら「完全無償化」を目指す必要はない。

二〇二三年一月二九日、藤田文武はＮＨＫ『日曜討論』で「大阪では行財政改革を徹底的にやって高等教育までの無償化が実現しており、全国でやりたい」と発言。

維新スピリッツは末端まで引き継がれている。

「都構想」住民投票の誤解

維新の会が勢力を拡大した要因のひとつはメディアに洗脳され、実態に目を向けない人が多いことにある。これは私の意見でも印象でもなく、各種データで確認できる。

たとえば二〇二〇年、維新が仕掛けたいわゆる「都構想」(大阪市解体構想)の住民投票(二度目)の直前に、共同通信社が行った世論調査の結果だ。

賛成は四三・三%、反対が四三・六%と拮抗していたにもかかわらず、大阪府と市の説明に関して七〇%が「十分ではない」と回答していた。ここからわかることは、説明が十分でないと思っているのに賛成か反対の票を入れた人が相当数いたということだ。

維新は確信犯的に、そして意図的に「説明」をしなかった。

正しい情報が市民に伝わってしまったら、当然否決されるからだ。

メディアのミスリードにより誤解が広がったが、住民投票は「都構想」の是非を問うものではない。投票用紙や選挙管理委員会ホームページに明記されているとおり、大阪市を廃止し特別区を設置することに賛成か反対かを問うものだ。繰り返しになるが、住民投票で賛成が多数を占めても、大阪が都になるわけではない。政令指定都市である大阪市が村以下の権限しかない特別区に分割されて、権限も自治も失われるだけだ。住民サービスは確実に低下する。

この「事実」を隠すために、維新の会は卑劣な工作を繰り返してきた。松井は、市選管が投票用紙に「大阪市を廃止し特別区を設置することについて」と明記したことに対し、「『大阪市を廃止』ではなく『大阪市役所を廃止』とできないか」と注文をつけている。「事実」が大阪市民に伝わったら、都合が悪いのだ。

二〇二〇年一〇月一二日、松井は毎日放送『ミント!』でグラフを見せながら、特別区の財政は大幅な黒字が続くと主張。出席者から「グラフは誰が作ったものなのか」と追及されると、「維新で勝手に作っているわけじゃない」と反論した。しかし、市民が市に対し情報公開請求したところ、維新の会が作ったものであることが判明。

松井は「制度を見直すだけで、大阪市がなくなるというのは印象操作」とも発言していたが、もちろん嘘である。

そもそも現実を見たくない

哲学者のハンナ・アレントは、独裁者が理想的な支持者とするのは、熱狂的な信者よりもむしろ、事実と虚構、真と偽の区別を捨て去ってしまった人々だと『全体主義の起原』で述べている。

「大衆は目に見える世界の現実を信ぜず、自分たちのコントロールの可能な経験を頼りとせず、自分の五感を信用していない。それゆえに、彼らには或る種の想像力が発達していて、いかにも宇宙的な意味と首尾一貫性を持つように見えるものなら、なんにでも動かされる。事実というものは大衆を説得する力を失ってしまったから、偽りの事実ですら彼らには何の印象も与えない。大衆を動かしうるのは、彼らを包み込んでくれると約束する、勝手に拵《こしら》えあげた統一的体系の首尾一貫性だけである。あらゆる大衆プロパガンダにおいてくり返しということがあれほど効果的な要素となっているのは、大衆の呑み込みの悪さとか記憶力の弱さとかのゆえではなく、単に論理的な完結性しか持たぬ体系に、くり返しが時間的な不変性、首尾一貫性を与えてくれるからである」

維新の支持者に正しいデータを突きつけても効果がないのは、そもそも彼らは現実を見たくないからだ。自分の世界を守りたい。安心したい。それで都合のいい事実のみをチェリーピッキング（いいとこどり）する。

「昔の大阪は公務員天国だった」「自民党時代に戻すのか？」「維新がそれを変えてくれた」「なんだかんだいって吉村さんはがんばってる」……。

しかし、データを見ればわかるが、大阪は確実に悪くなっている。

二〇二一年の刑法犯検挙率（警察庁）と刑法犯犯罪遭遇率（ＨＯＭＥ ＡＬＳＯＫ研究所）は大阪がワースト一位である。

また、維新による成果でもないものを「維新の成果」とし、不都合な事実は隠蔽するか責任転嫁する。

たとえば、二〇一八年の全国学力・学習状況調査（全国学力テスト）の結果が、大阪市が二年連続で政令指定都市の最下位になると、大阪市長だった吉村は現場の教師に責任を転嫁し、「校長や教員の人事評価とボーナスに反映させる」と言い出した。

二〇〇七年にはじまった全国学力テストだが、大阪府は二年連続で全国最低レベルの成績に落ち込んだ。

二〇〇八年に府知事だった橋下は「教育非常事態」なるものを宣言。非難されそうになると、逆に改革者のふりをはじめる。

新型コロナの死者数などもいわずもがなである。

カルトの手法と同じ

維新の会は日本の道徳を破壊してきた。

確信犯的に嘘をつき、事実をデマと決めつけて恫喝する。

たとえば、維新がいう「都構想」とは大阪市を解体することなのだが、それについて「都構想反対派は大阪市がなくなるというデマを流している」という「デマ」を流す。

維新がまいたビラには「だまされないで下さい!! 大阪維新の会は、(其の壱)大阪市をバラバラにはしません。(其の弐)大阪市は潰しません。(其の参)町会はなくしません。(其の四)敬老パスはなくしません」とある。

「だまされないでください」という大阪市民を騙すビラをばらまいているわけだ。

これは旧統一教会などのカルトの手法と同じである。

デマサイトの内容を拡散したり、嘘を指摘されると恫喝したり、しまいには「ファクトチェックを行う」と言い出した。

二〇二一年二月一七日、大阪維新の会は「【お知らせ】我が党では、昨今の深刻化するデマ情報の氾濫を受け、住民の皆様に正しい情報を知っていただけるよう情報の真偽を客観的事実をもとに調査し、事実を発信していく公式ファクトチェッカーを開設しました。見逃せないデマ等御座いましたら情報提供ください」とツイート。

これには声を上げて笑ってしまった。これまで散々社会にデマを垂れ流してきた集団が「ファクトチェック」を行うという。盗人猛々しいというか、なんの冗談なのか。

吉村はこれについて「ネット上のデマが出回る傾向が強い。特に〝維新憎し〟でいろんなデマが匿名で出回る。それがリツイートされたり、拡散されて、あたかも本当かのように情報が出回ってしまう。これはよくないと思う」「組織として対応していこうという判断」と説明。

独立した第三者ではなく特定の政党が「ファクトチェック」を始めるというのも異常極まりないが、ネット上の情報を事実なのかデマなのか確定させること自体は大事なことである。そこで私も維新に一五件ほどファクトチェックを依頼した。

《二〇一五年五月一七日の大阪市住民投票直前になると、橋下徹は「都構想の住民投票は一回しかやらない」「賛成多数にならなかった場合には都構想を断念する」と明言したという話は事実ですか、デマですか》

維新がばらまいた嘘が並べられたビラや目盛りに細工した詐欺パネルなどについても

画像をつけてファクトチェックを依頼したが、返事はこなかった。連中の目的は正当な批判をデマと決めつけ世論操作することと、都合の悪い事実の発信者に対しスラップ訴訟をちらつかせながら恫喝することであるからだ。

自立・成熟を拒否した大衆が生み出した

二〇二三年七月、大阪・関西万博を仕切る日本国際博覧会協会（万博協会）が、入場券の販売枚数目標二三〇〇万枚に対し、六割にあたる一四〇〇万枚を前売りとする方針を発表。問題は、経済界と自治体・万博協会にそれぞれ七〇〇万枚ずつ割り当てられることだ。

パビリオンの建設も進まず、予算も当初よりどんどん膨らんでいく。

共同通信が二〇二三年一一月に行った世論調査では、万博開催は「不要」と答えた人が全体の六八・六％。必要とされていない謎のイベントのチケットを押しつけられる地方自治体。使われるのは税金だ。

アメリカの社会哲学者エリック・ホッファーは、著書『大衆運動』で次のように述べている。

「大衆運動の活動においては、ほかのどのような要素よりも虚構が永続的な役割を果たすだろう。信仰が失われて他者を説得したり強制したりする権力が失われたあとでも、虚構というものは残るものである。大衆運動が行列やパレードや儀式やセレモニーを演じるときには、すべての人の心の琴線に触れることができる。どれほど冷静な人でも、大規模で印象的な見世物を目にすると感動するものである。こうした見世物の参加者も観客も、心を弾ませて興奮のうちにわれを失ってしまうのである」

「忠実な信奉者たちは、見るに値しない事実や聞くに値しない事実に対して『目を閉じ、耳を塞ぐ』能力をそなえているのであり、この能力こそが信奉者たちの類いまれな忍耐力と思想的堅固さの源泉なのである。運動の信奉者たちは危険によって怯えることも、障害によって気力を奪われることも、反論によって困惑することもありえない。というのも彼らはそうしたものが存在することそのものを否定するからである」

煽動者は社会に蔓延する悪意、不平、不満、ルサンチマンに火をつける。

維新はかつての大阪の自民党、既得権益を持つ公務員、共産党といった「共通の敵」をでっちあげることで、結束力を高め、運動を拡大してきた。馬場伸幸が「（共産党は）日本からなくなったらいい政党」と言い出したのもナチスと同じだ。

オッファーは言う。

「ヒトラーは反ユダヤ主義を利用してドイツ人を統一させただけではなく、ユダヤ人を憎んでいる諸国、すなわちポーランド、ルーマニア、ハンガリー、そして最後にはフランスの確固とした抵抗の意志を弱めたのである。ヒトラーは共産主義の憎悪も同じような形で利用したのだった」

「大衆運動が興隆する際には、指導者の役割が重要であると考えられているが、指導者だけの力では運動を興隆させる条件を作り出せないのは明らかである。指導者は、何もないところから運動を呼び出すことはできないのである。参加者の側に、追従し服従したいという熱意と、現在の状態についての強い不満が存在してこそ初めて、運動も指導者も出現することができる」

要するに、自立・成熟を拒否した大衆が維新の会のような異常な集団を生み出したのだ。

おわりに

維新の会の根幹にあるのは、ルサンチマンである。

東京中心が悪い、自民党が悪い、公務員が悪い……。

抜本的な改革が必要だ、既得権益を破壊しろと騒ぐことで、大衆の負の感情に火をつけ、社会を破壊してきた。

一部の人間が不当にカネ儲けをしているなどと言いながら、一部の人間に不当にカネが流された。いわゆる構造改革利権である。

その背後に竹中平蔵や菅義偉、安倍晋三がいたのは、本書で述べたとおりである。

大衆運動は自転車をこぐのと同じで、こぐのを止めれば倒れてしまう。

だから維新は常に派手なトピックを打ち出し、社会を巻き込んできた。

維新の拡大が示すものはナショナリズムの衰退である。

連中の背後にある新自由主義的な発想においては、国家の論理は障壁でしかない。極端な格差が発生しようが、道徳や「公共」という概念には関知しない。よって、グローバル企業や財界の下請けである政治家が国家や公共に総攻撃を仕掛けてきたのは、当然の帰結ということになる。

維新にモラルの欠片もない人物が結集したのは、こうした思想的背景がある。地に足がつかなくなると、人間は私的な利益しか見ようとしなくなる。まさに、アレントがいう「根無し草」だ。

だからこそ、維新は町会を圧迫したり、公共施設を廃止したり、市民を分断するなど、徹底的なコミュニティ潰しを行った。黒字になっていないという理由で、大阪市のコミュニティバスである「赤バス」を廃止したり。高齢者や障碍者の足となるバスの運営を営利目的の民間企業が行うのは難しいので、赤字前提で行政がやらなければならないのにもかかわらず。

要するに、維新は「公共」という概念を理解していない。もっといえば、公共を攻撃することこそが、維新の役割なのだ。維新は医療制度を切り捨て、公立病院や保健所など衛生行政にかかわる職員を大幅に削減してきた。

「民営化」と言いながら、一部の政商に利権を流し、「身を切る」と言いながら国民の身を切ってきた。

社会的弱者に対して共感が及ばないのは、同じ国民であるという同朋意識が働かないからだ。維新には国家という前提がない。だからすべて間違うのである。

適菜　収

維新観察記

彼らは第三の選択肢なのか

著者 適菜 収

2024年2月25日 初版発行

適菜 収（てきなおさむ）

作家。1975年山梨県生まれ。ニーチェの代表作『アンチクリスト』を現代語にした『キリスト教は邪教です！』、『ゲーテの警告 日本を滅ぼす「B層」の正体』『ニーチェの警鐘 日本を蝕む「B層」の害毒』『ミシマの警告 保守を偽装するB層の害毒』『小林秀雄の警告 近代はなぜ暴走したのか？』『日本をダメにしたB層の研究』（以上、講談社＋α新書）、呉智英との共著『愚民文明の暴走』（講談社）、『安倍でもわかる政治思想入門』『安倍でもわかる保守思想入門』『国賊論 安倍晋三と仲間たち』『日本人は豚になる 三島由紀夫の予言』、中野剛志との共著『思想の免疫力』（以上、KKベストセラーズ）、『ナショナリズムを理解できないバカ』（小学館）、『コロナと無責任な人たち』『ニッポンを蝕む全体主義』『安倍晋三の正体』（以上、祥伝社新書）など著書50冊以上。

発行者 横内正昭
編集人 内田克弥
発行所 株式会社ワニブックス
〒150-8482
東京都渋谷区恵比寿4-4-9えびす大黒ビル
ワニブックスHP https://www.wani.co.jp/
（お問い合わせはメールで受け付けております。
HPより「お問い合わせ」へお進みください）
※内容によりましてはお答えできない場合がございます

装丁 志村佳彦
フォーマット 橋田浩志（アティック）
校正 東京出版サービスセンター
編集 大井隆義（ワニブックス）

印刷所 TOPPAN株式会社
DTP 株式会社三協美術
製本所 ナショナル製本

ISBN 978-4-8470-6701-3
WANI BOOKOUT https://www.wanibookout.com/
WANI BOOKS NewsCrunch https://wanibooks-newscrunch.com/